BIOÉTICA
UMA CONTRIBUIÇÃO ESPÍRITA

Edição e distribuição: ***EDITORA EME***
Caixa Postal 1820 – CEP 13360-000 – Capivari-SP – Fone/fax: (19) 3491-7000 / 3491-5449
E-mail: vendas@editoraeme.com.br – Site: www.editoraeme.com.br

Solicite nosso catálogo completo, com mais de 400 títulos, onde você encontra as melhores opções do bom livro espírita: literatura infanto-juvenil, contos, obras biográficas e de auto-ajuda, mensagens espirituais, romances palpitantes, estudos doutrinários, obras básicas de Kardec, e mais os esclarecedores cursos e estudos para aplicação no centro espírita – iniciação, mediunidade, reuniões mediúnicas, oratória, desobsessão, fluidos e passes.

Não encontrando os livros da EME na livraria de sua preferência, solicite o endereço de nosso distribuidor mais próximo de você através do fone/fax ou e-mail acima.

Francisco Cajazeiras

BIOÉTICA
UMA CONTRIBUIÇÃO ESPÍRITA

Prefácio: Júlia Nezu

Capivari-SP
– 2013 –

© 1998 Francisco Cajazeiras

Os direitos autorais desta obra são de exclusividade do autor.

A Editora EME mantém o Centro Espírita "Mensagem de Esperança", colabora na manutenção da Comunidade Psicossomática Nova Consciência (clínica masculina para tratamento da dependência química), e patrocina, junto com outras empresas, a Central de Educação e Atendimento da Criança (Casa da Criança), em Capivari-SP.

3ª reimpressão – julho/2013 – Do 5.501 ao 6.000 exemplares

CAPA | Nori Figueiredo
DIAGRAMAÇÃO | Rafael Carara

Ficha catalográfica elaborada na editora

Cajazeiras, Francisco, 1954-
   Bioética - Uma contribuição espírita / Francisco Cajazeiras. - 3ª reimp. jul. 2013- Capivari, SP : Editora EME.
   149 p.

   1ª edição : ago. 1998
   ISBN 978-85-7353-275-3

1. Bioética - espiritismo.
2. Estudos espíritas sobre ética e moral.

CDD 133.9

Aos meus pais
Pedro Cysne Cajazeiras *(in memoriam)* e Iraci Carvalho
Cajazeiras,
responsáveis materiais pela minha
atual existência terrena, dedico esta obra
com carinho e respeito.

"A descoberta de Watson e Crick, em 1953, desvendando a estrutura molecular do DNA (Ácido Desoxirribonucleico) e sua correlação com a hereditariedade, através de experimentos realizados por outros tantos autores, trazem para a Biologia e a Medicina uma nova era, tão revolucionária quanto o surgimento da Física Atômica. Mas, tanto quanto essa fabricou a bomba atômica, também a Genética Molecular, mal conduzida, pode vir a produzir metodologias que veiculem o morticínio e a discriminação na Humanidade.

Ciência para a Paz e Valorização da Vida, este deve ser o norte de qualquer avanço tecnológico. *É neste contexto que a Ciência jamais poderá estar dissociada da Ética e a Ética da espiritualidade.*" (Grifo meu).

(OLIVEIRA, Sérgio Felipe de*. — *"A Genética Molecular e as Novas Questões Éticas",* artigo publicado no Boletim Médico-Espírita nº 9, da Associação Médico-Espírita de São Paulo: São Paulo-SP).

---

* Médico geneticista do Instituto do Coração do Hospital das Clínicas da Faculdade de Medicina da Universidade de São Paulo. Pós-graduado do Instituto de Física da Universidade de São Paulo. Coordenador do Centro de Estudos de Saúde e de Educação Médica da Policlínica Santa Amália. Membro da Associação Médico-Espírita de São Paulo (AME-SP). Pesquisador e expositor espírita.

SUMÁRIO

Prefácio 9
Apresentação 13
Bioética 15
1. A Cura do Preconceito 19
2. A Boa Morte 22
3. Eutanásia – Anatomia de Uma Experiência 24
4. Rubéola e Aborto Eugênico 28
5. Aborto Sentimental 32
6. Descriminar ou Descaminhar? 35
7. Bebedores Sociais 39
8. Órfãos de Pais Vivos 42
9. O Exemplo de Mrs. Clinton 45
10. O Dom da Vida 48
11. Neuroquímica e Compromissos Conjugais 50
12. Crimes Hediondos e Pena de Morte 54
13. Casamento – Instituição Falida? 57
14. Em Busca da Cura 63
15. Os Clones Têm Alma? 68
16. Embriões Congelados 74
17. Pandemia Obsessiva 79

18. Transplantes de Órgãos 83
19. Sexo, Instinto e Egoísmo 92
20. Suicídio Não Resolve 97
21. Serendipidade (Descobertas "ao Acaso") 107
22. Sonhos e "Insights" 115
23. Mudanças de Sexo 120
24. Dispositivo Intra-uterino (DIU) e Aborto 127
25. Planejamento Familiar 135
    Glossário Técnico 145
    Bibliografia 148

> "As relações medicina-espiritismo são de importância básica para ambos e, particularmente, para a Humanidade. Mas não poderão melhorar, enquanto os espíritas não tomarem consciência de sua responsabilidade doutrinária e os médicos não superarem os seus preconceitos, mais profissionais do que científicos, em relação aos problemas espirituais e em particular ao Espiritismo. (...) Os conceitos do sagrado e do sobrenatural, de um lado, e os preconceitos científicos de outro, ainda pesam esmagadoramente sobre a nossa cultura, que terá de alijar esse fardo para sobreviver."
> (J. Herculano Pires *in "Curso Dinâmico de Espiritismo — O Grande Desconhecido"*, cap. VII. Editora Paidéia: São Paulo-SP)

PREFÁCIO

A Religião, apartada da Ciência tornou-se dogmática, mística e contribuiu para o atraso do progresso espiritual da Humanidade; e a Ciência, por sua vez, tornou-se excessivamente materialista, deixando de progredir o quanto deveria, cega que se tornou por ignorar a existência do Espírito.

A respeito da união entre a Ciência e Religião, a *"Revista Espírita"*, já em 1869, editada por Allan Kardec, trazia as palavras de seu mestre Pestalozzi:

"A Filosofia Espírita admite todas as conclusões racionais da Ciência; repudiá-la é, pois, repudiar as Leis da Natureza e, por isso mesmo, renegar a obra de Deus. Se fosse impossível o acordo entre a Ciência e a Religião, não haveria religião possível. Proclamamos altamente a possibilidade desse acordo, porque, em nossa opinião, a Ciência e a Religião são irmãs para a maior glória de Deus...".

Hoje, a Física Quântica, que já completou um século de existência, mas divulgada com maior ênfase apenas nas últimas décadas, vem mudando a visão cartesiana do mundo e reforçando a tese do Espiritismo.

As conquistas científicas nos campos da biotecnologia e da engenharia genética e conseqüentemente as novas práticas biomédicas, a partir da manipulação do DNA (Ácido Desoxirribonucleico), trouxeram reflexões profundas na ética médica e jurídica. O século XXI promete uma nova postura do homem religioso, que terá necessariamente que incorporar a Ciência para compreender os princípios básicos que fundamentam as doutrinas religiosas, derrubando a carcomida e desgastada Religião dogmática; e do homem científico, que transformará o materialismo frio da Ciência tornando-a mais espiritualizada.

Maria Helena Diniz, em *"O Estado Atual do Biodireito"*, diz que a Bioética seria, em sentido amplo, uma resposta da Ética às novas situações advindas da Ciência, no âmbito da saúde, ocupando-se não só dos problemas éticos, provados pelas tecnociências biomédicas e alusivos ao início e ao fim da vida humana, às pesquisas em seres humanos, às formas de eutanásia, à distanásia, às técnicas de engenharia genética, às terapias gênicas, aos métodos de reprodução humana assistida, à eugenia, à eleição do sexo do futuro descendente a ser concebido, à clonagem de seres humanos, à maternidade substitutiva, à escolha do tempo para nascer ou morrer, à mudança de sexo em caso de transexualidade, à esterilização compulsória de deficientes físicos ou mentais, à utilização da tecnologia do DNA recombinante, às práticas laboratoriais de manipulação de agentes patogênicos etc., como também dos decorrentes da degradação do meio ambiente, da destruição do equilíbrio ecológico e do uso de armas químicas.

Essas questões fazem parte das atuais reflexões filosóficas e morais sobre as práticas médicas e de outros ramos do conhecimento humano, como a antropologia, a sociologia, a genética médica, a biologia, a psicologia e outros. Diante dessas inovações, que causam o impacto social, surgiu a Bioética como estudo sistemático das dimensões morais das Ciências da vida e do cuidado da saúde, utilizando uma variedade de metodologias éticas num contexto multidisciplinar.

O Espiritismo tem muito a contribuir para responder aos questionamentos ético-jurídicos trazidos pelos avanços tecnológicos na área da medicina e da saúde, da biologia molecular e da engenharia genética, inclusive no meio ambiente, e as novas práticas biomédicas que podem colocar em risco o futuro da humanidade. *"O Livro dos Espíritos"*, de Allan Kardec, no livro terceiro – as Leis Morais, traz princípios éticos e morais que, se compreendidos e vividos, levarão a humanidade à construção de uma sociedade balizada nas leis naturais ou divinas, que são as mesmas leis admitidas pela Ciência.

André Luiz, autor espiritual de inúmeras obras, psicografadas através da mediunidade de Francisco Cândido Xavier, principalmente no livro *"Evolução em Dois Mundos"*, dá uma contribuição ímpar para a compreensão da evolução do princípio inteligente através dos reinos da natureza.

O estudo da palingenesia deverá ser objeto de estudo nos bancos escolares, quando a reencarnação, que já possui tantas evidências científicas, for considerada uma verdade, pela Ciência oficial, trazendo uma nova luz e inaugurando a era do Espírito. A partir daí, muitos conceitos serão reformulados, conforme diz o Espírito Lázaro, em *"O Evangelho Segundo o Espiritismo"*, no Capítulo XI, A Lei do Amor:

"Quando Jesus pronunciou a palavra divina – amor –, fez estremecerem os povos, e os mártires, ébrios de esperança, desceram ao circo; o Espiritismo, por sua vez, vem pronunciar a segunda palavra do alfabeto divino, a reencarnação... O sangue resgatou o Espírito e o Espírito deve hoje resgatar o homem da matéria."

Prefaciar um livro de um autor do porte intelectual e espiritual do Dr. Francisco Cajazeiras é uma imerecida honra. O caríssimo amigo, na sua profissão, é médico clínico geral e cirurgião geral, na capital do Ceará, e professor universitário; no movimento espírita é conhecido conferencista, dirigente de instituições espíritas e autor de mais de uma dezena de obras espíritas.

Nesta obra, traz, numa linguagem acessível, uma resposta da Ética às novas situações oriundas da Ciência, à luz do Espiritismo, sobre as questões da morte, da eutanásia, do aborto, dos crimes hediondos, da clonagem, dos embriões congelados, dos transplantes de órgãos, do suicídio e das mudanças de sexo. Capítulos importantes, ainda, o são os que tratam da *"Serendipidade"* (descobertas ao acaso), dos "Sonhos e *Insights*" e os dois últimos, dos "Dispositivo Intra-uterino e Aborto" e "Planejamento Familiar". Oferece explicações claras e precisas, com citações de livros, a que o leitor poderá recorrer para aprofundamento do que diz o Espiritismo a respeito de um determinado assunto, nos livros da Codificação de Allan Kardec e literatura subsidiária ou complementar, além de uma ampla bibliografia.

Cajazeiras é o professor que escreve de forma didática, explicitando os pontos primordiais de cada assunto contidos no capítulo, sem a preocupação de erudição ou de aprofundamento tecnocientífico excessivo, bem ao estilo da vida moderna, providencial para quem não dispõe de muito tempo para se inteirar de um número infindável de páginas, como esclarece o próprio autor:

"Esta obra objetiva deixar o seu contributo à Ética da Vida, com bases no ensino de Allan Kardec e dos Espíritos reveladores..."

É uma obra de inestimável valor. Boa leitura!

Júlia Nezu Oliveira*

---

* *Vice-presidenta da União das Sociedades Espíritas do Estado de São Paulo, Editora do jornal "Dirigente Espírita" e Diretora do Instituto de Pesquisa e Ensino da Cultura Espírita.*

APRESENTAÇÃO

Conheci Francisco de Assis Carvalho Cajazeiras, em Salvador, no FOBE – Fórum Baiano de Espiritismo – realizado naquela cidade em 1997. A apresentação foi rápida, no intervalo do almoço. Suficiente, todavia, para nos identificarmos e tecer ligeiro comentário sobre o lançamento do seu livro editado pela Federação Espírita do Estado do Ceará – *Eutanásia à Luz do Espiritismo*[1].

Aventamos a hipótese da publicação de um outro livro, desta feita através da "Mnêmio Túlio".

Não mais nos vimos, mas, de quando em vez, surgiam telefonemas entre nós. Não perdia a oportunidade de cobrar a promessa feita, ou seja: examinar a possibilidade de uma publicação de sua verve.

Não tardou e eis que me surge o Dr. Cajazeiras com o *Bioética*.

---

[1] (Nota do autor) Este livro passou a ser publicado, depois, pela Editora EME, com o título *"Eutanásia (Enfoque Espírita)"*, estando em sua terceira edição, com prefácio do Dr. Nubor Orlando Facuri e posfácio do Prof. Henrique Rodrigues.

Li quase que de um fôlego só. Sem titubear, prontifiquei-me a publicá-lo.

Bioética é um livro muito oportuno para nossos dias. Trata-se de crônicas escritas por um médico estudioso da Doutrina Espírita e atualizadíssimo na sua profissão, abordando temas científicos à luz do Espiritismo. Como se não bastasse, Cajazeiras tem estilo próprio, escorreito, agradável, objetivo e ameno.

Bioética é um livro que chega no tempo certo, elucidando e esclarecendo a muitos espíritas e não espíritas sobre os mais variados e atualizados temas do nosso dia-a-dia. Compõe-se de glossário técnico esclarecedor e completa bibliografia.

Resta-nos parabenizar o autor pela feliz idéia e agradecer a oportunidade que nos está sendo dada em trazer a lume mais uma boa obra para o público leitor.

Anísio de Brito Neves [2]

---

[2] Diretor da Editora Mnêmio Túlio (São Paulo-SP).

BIOÉTICA

O mundo tem assistido perplexo o progresso das ciências, o desenvolvimento de tecnologias capazes, muitas vezes, de conferir ao homem uma ação decisiva sobre o destino planetário, da vida nele existente e da manutenção da sua própria vida.

Por outro lado, a sua característica ação predatória e destruidora do equilíbrio natural tem mudado significativamente, em uma perspectiva negativa, a face terrena, resultando em compreensível apreensão quanto ao futuro da vida, da saúde e da estabilidade planetárias.

Os Espíritos Reveladores têm chamado a nossa atenção para esse descompasso do desenvolvimento espiritual em nosso mundo, com inequívocos avanços do ponto de vista intelectual, de um lado, e acanhado desenvolvimento da moralidade, de outro. Nesse sentido a Doutrina Espírita faz-se presença salutar entre nós, fornecendo-nos os elementos cognitivos capazes de nos permitir a nossa libertação dos cipoais do materialismo, através das provas da imortalidade e, com repercussões importantes em nossa postura moral diante da vida.

Quando em 1953, Watson e Crick descobriram a molécula

de DNA[3], abriram perspectivas grandiosas para o saber e o fazer biomédicos, gerando a Biotecnologia que, sem nenhuma dúvida, será o carro-chefe do ritmo desenvolvimentista do terceiro milênio.

Mas afinal, o que é **Bioética?** Quando surge no cenário mundial? Quais suas perspectivas e objetivos? Quem são os bioeticistas?

O vocábulo, originado do grego *"bío"* (vida) e *"ethikós"* (relativo à ética), foi criado pelo oncologista[4] norte-americano, Van Rensselaer Potter, da Universidade de Wisconsin, em seu livro *"Bioethics: Bridge to the Future"* (Bioética: Ponte Para o Futuro), lançado em 1971. Não havia, no entanto, da parte do autor, a intenção de abrangência que passa a ter, no mesmo ano, com o seu uso pelo médico obstetra holandês, então na Universidade de Georgetown, Andre Hellegers.

A Boética trata da abordagem das posturas éticas relacionadas à pesquisa e ao conhecimento biomédico, das relações do profissional desta área com as decisões que impliquem algum poder em modificar as condições de vida e a naturalidade dos processos biológicos, biomédicos, bioecológicos. E tudo isso, visando especificamente a proteção e a valorização da vida humana, o respeito e a atenção à dignidade humana, com bases na razão e no bom senso, sem posições extremadas, sectárias ou ditadas pelo fanatismo.

A Bioética não é, como se poderia pensar, uma especialidade, mas uma associação das diversas disciplinas relacionadas com a vida e com o viver humanos, buscando, acima

---

[3] Ácido Desoxirribonucleico.
[4] O mesmo que cancerologista.

de tudo, uma interdisciplinariedade, onde participam não apenas biólogos, médicos e biomédicos, mas também sociólogos, filósofos, teólogos etc.

Giovanni Berlinguer, renomado bioeticista italiano, distingue dois campos de ação da Bioética[5]:

a) Bioética Cotidiana, relativa aos problemas crônicos, ainda sem solução, como a fome, a discriminação social ou sexual, a violência, a eutanásia, o aborto etc.

b) Bioética de Fronteira, resultante imediata do avanço tecnológico já descrito, gerador de discussões sobre a atitude ética de sua aplicação prática. É o exemplo da reprodução assistida com seus embriões excedentes, da clonagem humana etc.

Como se vê, muito tem a Doutrina Espírita a contribuir para o crescimento da Bioética, até porque há como que uma semelhança de intenções:

⊃ Pensar a vida e respeitá-la, aplicando o conhecimento científico para o engrandecimento do ser (do Espírito).

⊃ Usar a razão e do bom senso, procurando a serenidade, ao invés da paixão e do fanatismo.

Esta obra objetiva, a despeito da apagada condição de seu autor, deixar o seu contributo à Ética da Vida, com base no que nos têm ensinado Allan Kardec e os Espíritos Reveladores, no seu edifício doutrinário; e servir de estímulo aos confrades espíritas

---

[5] Apud Volnei Garrafa (bioeticista brasileiro). – "O Corpo Humano no Balcão". Entrevista na Revista "Caros Amigos", setembro/1997.

a tomarem posição e se colocarem ativamente à disposição das "comissões de Bioética" que se vêm estruturando pelo mundo afora...

01

A CURA DO PRECONCEITO

A estreiteza da visão humana, a despeito do muito de luz já espargida pelos benfeitores da Humanidade, tem-nos condicionado a relações interpessoais dirigidas fundamentalmente pelo egoísmo e pelo interesse unilateral. Esse fato reflete-se não apenas no que concerne ao indivíduo, mas também à sociedade como um ser coletivo.

Por outro lado, entrincheira-se o homem nos limites da matéria, em desesperada fuga à realidade, por ele inaceitável, da morte biológica. Em assim sendo, repetindo uma tendência mágica, herdada dos primórdios de seu processo evolutivo, esquiva-se de pronunciar o nome de determinadas enfermidades, ignorando os que sucumbem à ação destas, em ludíbrio próprio e crença de que assim poderá manter-se a salvo de sua "contaminação".

Inumeráveis são as patologias repudiadas pelo organismo social, em nefando preconceito que atormenta seus semelhantes caídos na desgraça de atraí-las e contraí-las. Não há, porém (exceto talvez para o aidético esteja crescendo vertiginosamente o índice de rejeição), nenhuma que suscite tamanha repulsa quanto a Hanseníase, posto que além dos componentes comuns às demais entidades nosológicas, conta aquela, desgraçadamente, com o estigma daquilo mesmo que é a âncora de salvação e o poço balsamizante de socorro a todo aquele que sofre: a religião.

De fato, partindo de uma premissa verdadeira, a de que as doenças são uma resposta aos desatinos do Espírito em sua romagem terrena, concluiu-se por sua sujidade perene — no caso do hanseniano —, crendo-o perdido eternamente, como se fora possível o descaso do Senhor Supremo em bondade pela sua criatura, deixando-a em sofrimento infindo...

O preconceito mantém a ignorância; o egoísmo corporifica o descompromisso; o desamor contamina os canais por que correm o nobre sentimento. A verdade é que, por tudo isso, tende-se a não buscar a informação que clarifica a razão e desembaraça as vias para o exercício do amor.

O que não se conhece — ou se esforça por não crer — é que a Hanseníase é uma doença semelhante a outra qualquer (e até, em alguns casos, em melhores condições por ser **curável**). Sim, a Hanseníase tem cura. A farmacoterapia é vencedora.

Pesarosamente, o que ainda não se conseguiu curar foi o preconceito que a atinge, em flagrante desrespeito aos que padecem em seus corpos a ação do Mal de Hansen, comprovação mais que patente da ignorância que grassa entre nós, mesmo adentrando o século XXI, mantendo algemados corações e mentes em aviltante obstáculo às pretensões de civilidade e fraternidade.

A educação, o bom senso, o desejo de instrução e a boa vontade são os mecanismos de que dispomos para a extirpação de tão hediondo mal.

A cura do preconceito é o que se busca em Hanseníase,

para que o enfermo dela padecente possa reintegrar-se ao meio social, no exercício pleno de sua cidadania.

Cure-se do preconceito utilizando-se da vacina do amor e do conhecimento!

02

A BOA MORTE

O homem não costuma, no comum, pensar na morte. E, quando se lhe apresenta a temática, logo aciona os mecanismos psicológicos de defesa: seja a negação, pela transferência do problema; seja pela permuta das emoções decorrentes, dirigindo-as para o que considera vida.

Quando a morte se lhe impõe altaneira e inflexível, envolvendo os seres que ele ama ou dando-lhe aviso prévio, o medo e o temor oprimem-lhe o peito e os pensamentos.

O desconhecido é para ele, em verdade, grande verdugo, mas a dor causa-lhe impacto, assombro e desequilíbrio. Esta última — a dor —, ao tornar-se presente e ininterrupta, pode ser mal interpretada pelo paciente que paradoxalmente busca refúgio e conforto na própria morte, na *"boa"* morte, sem sofrimentos nem dores.

A Eutanásia, palavra de origem grega, que significa **"morte serena"**, é, no entender de muitos, o abreviar dos dias terrenos com o objetivo de fugir dos infortúnios e amarguras.

Mas será que com essa prática o homem conseguirá se liberar da cruz de sua enfermidade?

O Espírito São Luís, em *"O Evangelho Segundo Espiritismo"*[6], afirma-nos categórico serem esses últimos momentos da vida orgânica de grande importância para o desencarnante, porquanto, nessa ocasião, poderá o Espírito recobrar a consciência, mudando a sua sintonia mental para melhor, no meditar sobre a agonia e sobre o futuro que se lhe avizinha, evitando dessa forma grande tempo de penar em estâncias espirituais sombrias. Até porque o fluido vital, mantenedor da vida orgânica – o **princípio vital** –, precisa exaurir-se para tornar mais fácil o desfazer dos elos agregadores do Espírito (perispírito) ao corpo somático.

A eutanásia, levando-se em conta o lado espiritual, nada mais é que uma forma de suicídio (ou homicídio) e sublevação contra as imutáveis leis do Universo, resultando invariavelmente em momentos de grande aflição no mundo espiritual (e mesmo em futuras reencarnações!), variáveis obviamente conforme a maior ou menor responsabilidade e intenção da parte daquele que efetua a travessia interdimensional.

Além do mais, quem poderá garantir que o diagnóstico de irreversibilidade da morte estará indefectivelmente correto? Não falham os métodos e as ciências humanas?! Nunca houve falhas na Medicina terrena?!...

E aqui nem cogitamos nos assassinatos que poderão ser planejados sob a "proteção" da Lei de Eutanásia.

Diante do exposto, é o caso de se perguntar o que origina mais carga de infortúnios e de aflições: O que é **natural** e, portanto, sob o influxo da Vontade Divina ou o **antinatural**, mediado pelo homem?...

---

[6] Cap. V, item 28

03

ANATOMIA DA EUTANÁSIA LEGALIZADA

O primeiro país do mundo a legalizar a eutanásia e único, como nação, foi a Holanda.

Cedendo às pressões dos partidários da pretensa *"morte digna"*, o parlamento holandês estabeleceu ser um direito do cidadão optar pela própria morte, ao se defrontar com estados terminais a lhe imprimirem sofrimento acima de sua capacidade de suportá-lo.

Sem dúvida alguma, o legislador holandês, embora desfocado em sua visão espiritual, buscava fornecer à pessoa comum a possibilidade de decidir sobre aquilo que lhe dizia respeito. Por isso mesmo, estabeleceu leis visando conferir poderes decisórios especialmente ao paciente.

Mas, passados os anos, será que há realmente um benefício incontestável àquela população, do ponto de vista pragmático?

Em novembro de 1997, o jornalista Brian Eads publicou matéria na conceituada revista "Seleções[7] (Reader's Digest)", em

---

[7] Seleções. – "Licença Para Matar". 55º ano, novembro/1997.

que abordava a eutanásia naquele País.

Ali, vamos encontrar os seguintes dados estatísticos:

TIPOS	NÚMEROS
Eutanásia Voluntária	3.600 casos
Eutanásia Involuntária (Aumento da dose de medicamentos pelos médicos)	1.900 casos
Não Classificados Como Eutanásia ou Auxílio ao Suicídio	900 casos
Recém-nascidos Incapacitados	15 casos

E ainda a constatação de que 40% das desencarnações dos pacientes mentalmente incapacitados, aconteceram após a decisão de seus médicos em suspender seu tratamento, aumentar a dose de drogas analgésicas ou mesmo de administrar-lhes substância letal.

Segundo o artigo, há um indisfarçável aumento do "poder" dos médicos que decidem, independentemente da aquiescência do paciente ou convencendo-o em momento de desespero, pela eutanásia, muito mais por questões que somente a eles mesmos (profissionais) dizem respeito e menos para preservar a tão defendida *"morte digna"*.

Pacientes há que, a despeito de necessitarem internamento hospitalar, sendo doentes terminais, resistem a este procedimento perfeitamente normal, pelo receio de que venham a ser submetidos à eutanásia no hospital. Ao invés da segurança, a instabilidade; da certeza, a incerteza; da serenidade, a aflição. Ao contrário da esperança de que se possa algo fazer em seu favor, o receio da prescrição da **morte** como solução.

Outro drama vivenciado pelos pacientes terminais, após a legalização daquela prática, é o da pressão dos familiares exaustos de com eles lidarem e ansiosos por se libertarem da carga que lhes pesa nos ombros. O paciente chega a optar pelo processo eutanásico mais por aquela pressão explícita ou implícita dos familiares do que mesmo pelas suas conveniências, "necessidades" e/ou convicções.

O referido jornalista narra, ainda, o caso de um paciente com câncer em fase terminal, em Oxford, Inglaterra, tratado pelo Dr. Robert Twycross. O doente vinha fazendo uso freqüente de bebidas alcoólicas e se apresentava em estado de forte depressão frente a sua situação e, por isso, solicitou a eutanásia, sendo negada por não se permitir na Inglaterra tal procedimento. Após o devido tratamento das suas dores e do seu quadro emocional, o paciente assim se expressou sobre o seu prévio pedido em desespero:

– "Não era eu que falava. Era o álcool".

Então, não podemos confiar plenamente na certeza daquele que solicita a eutanásia para si mesmo, posto encontrar-se fora do seu estado normal.

Na Holanda, pelo visto, a prática da eutanásia não conseguiu manter-se adstrita à lei (em todo esse tempo, nenhum profissional foi verdadeiramente condenado, pela sua decisão unilateral, pois dos vinte levados ao tribunal, nove foram condenados, no entanto seis tiveram a pena suspensa e três ficaram sem punição).

O que se vê, na prática, é ampliação de sua utilização para outros grupos de enfermos, com a sua permissão e realização em pacientes hígidos do ponto de vista orgânico, mas com problemas depressivos e emocionais importantes... É o precedente que se abre e a vigilância que se extingue, em função de a eutanásia ser um procedimento considerado legal.

Indiscutivelmente, a eutanásia não soluciona o problema do sofrimento humano, antes hipertrofia-o. E notadamente quando lançamos nossas observações rumo à dimensão extra-física...

Carinho, amor, compreensão, companheirismo, solidariedade, valorização e afeto, isso o que confere ao enfermo terminal a resignação indispensável e a coragem para o enfrentamento da morte.

E se a esses cuidados for possível associar o entendimento dos postulados espiritistas e a fluidoterapia, então menos difícil será o seu desprendimento à hora da partida...

04
RUBÉOLA E ABORTO EUGÊNICO

Sempre que a sociedade se depara com surtos de rubéola e esta incide sobre mulheres em idade fértil, iniciam-se as discussões a respeito de suas repercussões sobre o embrião. Nestes períodos, reacende a idéia de se preconizar a interrupção da gravidez para as gestantes que são acometidas por esta virose.

É preciso saber que esta enfermidade, no geral, tem curso benigno, porém, com possibilidades de determinar, no período gestacional, deformidades congênitas no bebê que vivencia seu desenvolvimento embrionário.

O **aborto eugênico**, como é denominado nesses casos, fundamenta-se no fato de não permitir a reencarnação de uma criança defeituosa, que *"sofreria muito em sua existência terrena e muito afligiria a seus pais"*.

A este respeito conversava, certo dia, com alguns amigos, quando um deles, defensor dessa modalidade de aborto, ao ser indagado do porquê de sua opção, respondeu:

— Para evitar preconceitos e sofrimentos!

Mas, os sofrimentos — respondi-lhe eu — são o apanágio da nossa civilização! Quem não sofre?! De uma forma ou de outra, moral ou fisicamente, constante ou periodicamente, o certo é que todos os que habitamos esse *"mundinho de meu Deus"* temos as nossas aflições, a cruz de nosso calvário. E, então? Não nascer... para não sofrer?!...

E os preconceitos? Amargam-nos os miseráveis, os enfermos de todo jaez, os homossexuais, os negros, os nordestinos (em alguns Estados sulistas, é óbvio!), os estrangeiros etc... Esses e aqueles. Qualquer um de nós pode, circunstancialmente ou cotidianamente, ser marginalizado à conta de um preconceito.

Além do mais, como certificar-se, de maneira categórica, de que o bebê vai ser o "premiado" com a nefanda probabilidade estatística?

Ora, a Medicina trabalha com prognósticos e estes são conjecturas, baseados, é verdade, em fatos e estatísticas, mas nem assim menos conjecturas. Dessa forma, no primeiro mês de gestação, o risco estatístico de uma mal formação congênita decorrente de rubéola é da ordem de 50%; no segundo mês, de 22% e, no terceiro mês, de apenas 6%. No segundo trimestre gestacional, o risco é mínimo e é praticamente nulo no terceiro trimestre da gravidez.[8]

Agora, estudemos a questão do aborto do ponto de vista médico e legal.

O aborto é prática criminosa, segundo o Código Penal Brasileiro, e proscrito pela Ética Médica Brasileira, a quem somente constituem exceção os casos de vero risco de vida para a

---

[8] Mesmo nos Centros, onde é possível dar-se um diagnóstico de certeza da malformação congênita, será que é ético simplesmente matar alguém por ser doente?!

mãe ou aqueles resultantes de estupro.

Ademais, mesmo considerando a doença incidindo no primeiro mês gestacional – e se queira desconsiderar a questão legal –, há que se levar em conta o fato de que aproximadamente 50% desses embriões sacrificados, isto é, a metade seria formada por indivíduos que teriam corpos normais (e isso se o raciocínio tomado foi o de que um deficiente não é gente!).

A corrida em busca do aborto, em qualquer caso é mostra mais que patente do imenso despreparo espiritual (ou exercício de um *"espiritualismo de faz de conta"*) que predomina em boa parcela de nossa gente.

Pessoalmente, conheço pelo menos duas médicas que contraíram a infecção no primeiro trimestre de gestação e que não cederam às sugestões de colegas materialistas que acenavam com a solução abortista para o risco de uma malformação congênita e que hoje mostram seus rebentos completamente sadios. E os casais que cederam? Quantos não destruíram a vida de seus filhos que seriam normais no conceito acatado pela anatomia e fisiologia humanas?!

A Doutrina Espírita alerta-nos que, desde a união do espermatozóide com o óvulo, na formação do zigoto, já um Espírito está ligado ao concepto e gerencia o seu desenvolvimento, de acordo com as suas características pretéritas, significando serem os casos de malformação congênita uma necessidade evolutiva para o Espírito reencarnante. A expiação/provação da limitação orgânica é-lhes de suma importância, no desenvolver dos seus potenciais virtuosos.

Não há sofrimento injusto ou desnecessário. A Justiça Divina é infalível, conquanto misericordiosa, e hoje somos o que laboramos no pretérito (nesta ou em outras existências).

Se você teve rubéola no período de risco, você acha válido, em nome de sua comodidade, expor-se ao risco maior de cometer um crime contra a pessoa do seu próprio filho?

Acredite! Com o corpo íntegro ou deformado, com a mente limitada ou avantajada, sadio ou enfermo, seu filho é gente! Seu filho é um espírito imortal carente de experiências no mundo corpóreo!

05

ABORTO SENTIMENTAL

As estimativas estatísticas, descritas por especialistas sociais e de saúde, da incidência de aborto delituoso em nosso meio, são certamente alarmantes e suas complicações sobre a saúde da mulher indiscutivelmente preocupantes. Essa rotina abortiva clandestina em nossa sociedade termina por mascarar falha clamorosa na legislação vigente em nosso País a esse respeito.

Durante a Primeira Grande Guerra Mundial, houve excessos de toda a ordem – e inclusive sexuais –, da parte dos soldados invasores contra as mulheres dos territórios conquistados, o que, em certo percentual, resultou em gravidez. Por isso mesmo, sob o impacto da emoção e da comoção desse período e em nome do *"princípio do estado de necessidade"* contra essas dolorosas conseqüências – e respaldados em uma certa "ética"(?) –, os legisladores de grande número de nações lutaram por conseguir a legalização ou descriminação do que se passou a denominar *"aborto sentimental"*, ou seja, o aborto instituído como opção materna para os casos de gravidezes conseqüentes a estupros.

Sobre o assunto, assim se posiciona o Código Penal

Receba em seu endereço, gratuitamente, a Revista de Livros EME, o Jornal Leitor EME, prospectos, notícias dos lançamentos e marca-páginas com mensagens, preenchendo o formulário abaixo e mandando-nos através de:

Carta: Cx. Postal, 1820 - 13360-000 - Capivari-SP
Fone/fax: (19) 3491-7000 / 3491-5449,
E-mail: atendimento@editoraeme.com.br ▫ **Site:** www.editoraeme.com.br

NOME: _____

ENDEREÇO: _____

CIDADE/EST./CEP: _____

FONE/FAX: _____

E-MAIL: _____

Fale conosco!!!

Queremos saber sua opinião sobre o livro: _____
(favor mencionar o nome do livro)

Brasileiro, em seu artigo 128:

"Não se pune o aborto praticado pelo médico: (...); II. Se a gravidez resulta de estupro e o aborto é precedido de consentimento da gestante ou, quando incapaz, do seu representante legal."

Mais que palpável serem as bases para essa postura jurídica eminentemente de caráter emocional e totalmente vazia de um estudo mais consistente da condição ontológica do indivíduo em desenvolvimento embriológico.

Dominados pelo desejo de *"verem-se livres"* da prova material da *"desonra"*, da violência e da vergonha pelo crime perpetrado contra a dignidade e a sensibilidade femininas, e ferindo o princípio da igualdade entre as individualidades, em função da gênese embriológica de cada um, no que concerne ao *modus operandi*, os legisladores patenteiam suas débeis convicções sobre a realidade existencial do concepto, pois, de outro modo, como instituir diferenças entre os seres que, do ponto de vista anatomofisiológico, nenhuma dessemelhança apresentam, exceto, talvez, por características raciais?!

Os Espíritos Reveladores, em *"O Livro dos Espíritos"*, questões 358 e 359, respondendo às indagações formuladas por Allan Kardec sobre a temática do aborto, apenas admitem o *"aborto terapêutico"*, isto é, o que tem por móvel preservar a vida da gestante, quando em **real perigo**.

Bem o sabemos, especialmente em nosso mundo evolutivo, que se um Espírito enfrenta tal situação, isso não se dá sem motivos, que não os seus próprios débitos nessa área; mas, não é menos verdade o alerta de Jesus para não interferirmos nos mecanismos naturais da Lei, quanto à penalidade imposta por ela, a fim de não nos caracterizarmos como *"motivo de escândalo"*[9].

O que significa dizer que, apesar de ninguém estar predestinado à prática de um mal, quando o faz, atinge pessoas que, no grosso dos acontecimentos, face a débitos pretéritos, encontram-se na faixa de probabilidades de serem atingidas.

A vida é o bem maior que nos concede o Criador para o auto-aperfeiçoamento espiritual e somente o risco que possa correr este bem pode tornar admissível o sacrifício de uma vida que se inicia em favor de outra já plenamente adaptada à dimensão material e, por isso mesmo, em plena vigência da assunção dos seus compromissos para com a família e com a sociedade.

Sendo assim, não há argumentação satisfatória, consistente e capaz de justificar a aceitação dessa modalidade de aborto, em que pese a compreensão da aridez de tais provas para a genitora e seus familiares.

O **aborto sentimental** é a instituição da pena de morte contra o efeito e não a causa do mal; é a penalidade máxima imposta à vítima e não ao criminoso.

---

[9] JESUS. Mateus, 17: 06 a 11.

06
DESCRIMINAR OU DESCAMINHAR?

Vêm despontando presentemente dentro da nossa sociedade grupos que acenam com uma solução inusitada para dois dos grandes problemas de Saúde Pública que assolam o nosso território: a **toxicomania** e o **aborto delituoso**. Uma e outro têm mostrado um crescimento assustador e preocupante, não somente para as autoridades competentes, como também para os cidadãos que zelamos pelo bem-estar social.

O que mais nos espanta, porém, é a solução encontrada por aqueles grupos: a descriminação que, em bom vernáculo, significa *"o ato ou efeito de excluir a criminalidade"*, ou seja, a legalização do uso de tóxicos e do aborto provocado. Para eles, somente assim conseguiremos amenizar a situação vigente, visto não se haver logrado seu controle com as medidas repressivas postas em prática até a presente data. A justificativa é simples (simples?):

"Se não foi conseguido o devido controle, então facilitemos sua aplicação."

O que, em outras palavras, significa:

"Se somos incompetentes para solucionar os nossos problemas, o jeito é transformar o certo no errado, o crime em 'bom costume', o ilegal no permitido."

Procura-se, assim, o caminho mais doloroso para a educação (e observem que estou sendo otimista, pois, sendo espírita, sou reencarnacionista!).

A proposta é alguma coisa semelhante ao ditado:

"Se não consegues vencer o inimigo, junta-te a ele..."

Para o caso do aborto, em especial, utilizam-se ainda do sofisma de que seria *"tornar viável à população feminina de baixa renda o que se permite, na prática, às mulheres de nível sócio-econômico e financeiro privilegiado"*. Imaginem só! Ao invés de se primar pela valorização da vida, utilizando-se da boa aplicação da Lei, o que se propõe é simplesmente abolir a legislação repressiva, quer dizer, deixar que o mais forte possa espoliar o mais fraco a seu bel-prazer.

"Descriminar para não discriminar", dizem.

A que ponto chegamos, como sociedade! Uma sociedade que nega o direito à vida a quem ainda não tem nem mesmo voz para exigi-la, nem braços fortes para se defender, nem mesmo pernas suficientemente resistentes para fugir!... E a vida é o direito primário, básico, fundamental para os outros direitos!...

* * *

No tocante às drogas, opta-se, como vimos, pela liberação, pela frouxidão dos costumes. E não adianta vir alegar que o álcool e o tabaco são tóxicos também – o que é inegável –, como justificativa da permissividade na legalização da droga, posto que se devia lutar, inclusive, pela extinção ou no mínimo por um rígido controle do alcoolismo e do tabagismo. Se não se houvesse legalizado o uso do tabaco e do álcool, certamente não teríamos os malefícios de toda ordem — familiar, social, financeiro, médico, espiritual —, derivados do seu uso *"descriminado"* e indiscriminado.

É facílimo verificar que o Estado e a sociedade contemporâneos pagam um preço imenso por esse seu deslize pretérito e encontram imensa dificuldade em se libertar dos jugos etílico e nicotínico, visto serem inumeráveis os viciados e imbatíveis os **interesses** econômicos de grupos que somente se preocupam com os seus lucros e não se importam com a saúde e a felicidade da humanidade.

Será que deveremos expor-nos a outros déspotas do desequilíbrio e da irracionalidade?!...

O que queremos é aumentar a incidência e a prevalência de enfermidades, sob o pretexto de legalização?!...

Enfermos *"legalizados"* é o que buscamos?!...

Discute-se não terem os programas de combate a esses males conseguido sequer sua minimização. Com efeito, se já foram aplicados projetos educativos e repressivos em massa, o que está faltando? Será mesmo válido recorrer ao extremo de se legalizar o nocivo? Ora, pergunto eu, quais são os grandes responsáveis pelo narcotráfico que foram apenados e cumprem (ou cumpriram) a pena, quando assim o foram? Quem sabe de algum médico, enfermeiro, parteiro ou curioso que haja sido condenado por crime de aborto? Raríssimos!... Então, a legislação existe mas não é cumprida.

Mesmo nos Estados Unidos da América há imensa dificuldade em se fazer cumprir a lei para os verdadeiros responsáveis. E tudo isso porque o império dos *"cifrões"* é indiscutível sobre a humanidade. Logo, é perceptível a força do egoísmo, do orgulho, da vaidade e da sensualidade, vícios morais que engendram os vícios químicos e os demais deslizes da vida material.

Na solução desses como de outros problemas que nos afligem, prepondera a espiritualização da nossa civilização, das nossas sociedades.

Mais que nunca faz-se imprescindível disseminar as verdades espíritas e pregar a Doutrina que apela profundamente à razão e ao bom senso, facilitando a compreensão do porquê dos males, das vicissitudes e dos desencontros cotidianos, enquanto franqueia a elaboração de veras soluções para a problemática das trevas em nossa existência.

Descriminar o aborto delituoso e a toxicomania é transformar o Estado — e por conseguinte a sociedade — em carrasco e traficante, verdugo e infelicitador; em uma palavra, em assassino, transferindo a ação nefasta das mãos dos criminosos para as suas, sob o beneplácito da legalização constituída.

07

BEBEDORES SOCIAIS

O alcoolismo é enfermidade caracterizada pelo uso compulsivo e exacerbado do álcool, com repercussões sobre as organizações mental, física e social, além de evidentes alterações do comportamento. Em sua gênese, a ciência admite participação multifatorial, quais sejam: de ordem biológica[10] (hereditária), psicológica e sócio-cultural.

Não obstante o elevado número de enfermos submetidos ao jugo de Baco[11] atualmente, o que constitui um sério problema de Saúde Pública, bem mais extensa é a lista dos que se auto-intitulam *"bebedores sociais"*. Ancorado nessas informações, é possível elaborar-se uma classificação simplista — mas prática — em dois grupos a saber:

1. Os que fazem uso de bebidas alcoólicas na busca de prazeres, satisfações ou gozos desenfreados, obtidos, direta ou

---

[10] VARGAS, Heber S. – *"Repercussões do Álcool e do Alcoolismo"*. Byk-Procienx: São Paulo.
[11] Deus do vinho na mitologia romana; corresponde ao deus Dionísio dos gregos.

indiretamente, a partir deste uso;

2. Os que já sofrem a imposição e a dependência cruciais do álcool.

Estes últimos, enfermos que são, necessitam de uma terapia ativa e continuada, cujo início dá-se após a sua aceitação da condição doentes, bem como a disposição no envidar de esforços para bloqueio e controle da mesma, condições *sine qua non* para a manutenção de um estado de sobriedade e conseqüente vitória sobre o mal, ao final da encarnação; aqueles outros, por seu descompromisso e displicência espirituais, carecem indiscutivelmente de medidas profiláticas, respaldadas na educação espiritual, única via capaz de prevenir o mal em vindoura(s) reencarnação(ões).

Sim, **os alcoolistas de hoje são certamente os** *"bebedores sociais"* **de outras experiências reencarnatórias!**

Trazem hoje a enfermidade que lhes martiriza o corpo somático e subjugam o Espírito – em resposta ao hábito adquirido em momentos outros de sua trajetória evolutiva –, com o fito maior de induzir-lhes a colocar todo o esforço e a vontade no sentido de desfazer as algemas vestidas por eles mesmos, em atitude de rebeldia e irresponsabilidade, ao desgastar e malbaratar o arcabouço orgânico ofertado dadivosamente pelo Pai Celestial.

O drama do etilista, como se vê ao desvelar a origem profunda do seu estado mórbido, utilizando-se a chave da Cultura Espírita, não é, como muitos apregoam, obra do *"acaso"* ou mero capricho da natureza, senão dele mesmo; não se lhe pesa injustamente, mas como resultado do seu desagravo às leis que governam o universo — imutáveis e igualitárias — e que asseguram o equilíbrio e o progresso de toda a criação.

De outro modo, agrava-se a sua situação, de vez que, pela

lei das afinidades, acercam-se-lhe entidades viciadas já desencarnadas que passam a **"incentivá-lo"** ao uso dos alcoólicos, bebendo com ele e, ainda por cima, subtraindo-lhe as energias vitais. Com o tempo, essas entidades passam a dominar-lhe a vontade, constituindo-se o quadro em verdadeira subjugação.

Os vícios químicos, quaisquer que sejam, são, em verdade, prática suicida indireta, cujos rigores da Lei serão mais ou menos intensos, na Erraticidade e em vidas futuras, na razão direta do conhecimento que se detenha dessas verdades.

"A quem muito foi dado, muito será cobrado. (...) porque àquele servo que soube a vontade do seu Senhor e não se apercebeu, e não obrou conforme a sua vontade, dar-se-lhe-ão muitos açoites"[12].

---

[12] JESUS. Lucas, XII:47,48.

08

ÓRFÃOS DE PAIS VIVOS

Aos milhares e milhares, encontram-se crianças e adolescentes vagueando pelas ruas e avenidas brasileiras, a mendigar a sobrevivência nos semáforos da vida ou nas esquinas da prostituição. Apesar disso, gritam as pesquisas sobre o assunto que, em sua maioria, essas crianças têm pais e até mesmo – embora em condições precaríssimas – um cantinho para morar.

Sabemos ser irrefragável o nível de indigência e de miséria que fustiga boa soma do nosso povo. Isso, porém, não anula o amor, o carinho e o respeito devidos pelos pais aos seus filhos. Na prática, no entanto, muitos desses infantes são estimulados — e até mesmo conduzidos — aos vícios, ao crime e à prostituição por seus próprios genitores ou responsáveis que, por sua vez, marginalizados e carentes, distorcem as mais elementares noções de moral e ética.

A sociedade, por outro lado, é inegavelmente omissa, preferindo abrigar-se na capa da incompetência eneguecida do egoísmo, e, quando aborda o problema, o faz deslizando pelas veredas das soluções nutridas pela violência, apelando para a sanção da **pena de morte** ou mesmo sancionando, extrajudicialmente, o extermínio dos grupos desajustados.

Já é hora de despertar para a questão em foco, enfrentá-la de frente e dispor-se a solucioná-la, extirpando esse estado de degradação e indiferença que macula-nos o *status* de civilizados.

Impõe-se-nos olharmos com mais amor e atenção os desvalidos, concretizando esse amor na tentativa de abrandar-lhes a carência de alimentos e escolas.

Maus-tratos não têm o poder de regenerar, senão deformar caracteres.

Ignorar os fatos não anula sua existência!

Somente pela educação e pela conscientização política, social e, notadamente, espiritual lograremos resultados satisfatórios – a longo prazo, é certo –, mas irrevogáveis.

A Doutrina Espírita adverte-nos:

"Nada acontece casualmente. O acaso não existe."

As dores, as dificuldades e os sofrimentos não se adjetivam como gratuitos, mas se constituem sob a tutela da necessidade de aprendizado e resgate, posto que assim aguçam-se, no Espírito em prova, a inteligência e o raciocínio no afã de extinguir tais situações aflitivas.

Além do mais, somos todos nós devedores uns dos outros, o que nos impele a participar com a nossa quota de contribuição no reduzir da dor alheia.

Os garotos que repletam os logradouros públicos são, portanto, em grande parcela, **órfãos de pais vivos**.

Mas não apenas o são estes que rogam a caridade aos transeuntes, como também os há largados nos próprios lares, aprisionados pelas *"comodidades"* da civilização, sufocados pela abundância das mesas e desidratados na aridez dos seus quartos confortáveis.

São também **órfãos de pais vivos** os destituídos do carinho, do amor e da atenção dos seus genitores que, sob a "justificativa" e envoltos pelas *"responsabilidades profissionais, quanto sociais"*, abandonam-nos entregues à própria sorte sob o escudo da opulência.

Somos, os pais, os responsáveis pelo desenvolvimento intelectual, moral e espiritual de nossos filhos que, na verdade, são Espíritos imortais; e nos serão cobrados todo o mal realizado e todo o bem não viabilizado.

* * *

Semeando-se a ausência, colhe-se o desprezo; a omissão, o desgoverno; a carência afetiva, os vícios!...

09

O EXEMPLO DE MRS. CLINTON

Destacadamente a imprensa televisada nacional e estrangeira divulgou imagens[13] da primeira dama norte-americana, demonstrando grande indignação com os atentados, naquele País, a clínicas abortivas. Até aí, tudo bem, pois, apesar de frontalmente contrário à prática abortiva (exceto nos casos de real risco de vida para a mãe), não se deve, de forma alguma, concordar com o uso da violência para o controle da violência, com a adoção de um comportamento criminoso para coibir outro.

No entanto, despertou-me estranhamente a atenção, a defesa pública, notória e veemente, tomada por aquela personalidade internacional, do *"direito" (?)* de abortar, em franco desrespeito ao **direito à vida** do indefeso inquilino da matriz uterina. Aliás, essa sua forma de agir está meio desconectada de sua recente investida contra o aborto na China, que, por sua vez, tenta

---

[13] A matéria foi escrita na época do primeiro mandato do governo do presidente norte-americano Bill Clinton.

justificar-se sob a alegativa de conter o crescimento demográfico acentuado, que ali, na verdade, colide com os interesses comerciais norte-americanos.

O fato traz à baila, não somente a questão do aborto criminoso, de seríssimas conseqüências eticoespirituais, como também outra questão, de grave importância nesses nossos momentos de grandes turbulência e distorções: **o uso (e abuso) da autoridade**.

Mrs. Clinton, quando adota tal postura, não apenas influencia diretamente seus pares, mas através do poder a ela investido, faze-o de maneira muito mais abrangente. Certamente não parou ainda para pensar nas repercussões espirituais que determina o seu ato, inclusive para ela mesma...

E, aqui para nós, como seria precioso e ilustrativo para Mrs. Clinton o estudo e a conseqüente reflexão a respeito do item 9 do capítulo XVII, de *"O Evangelho Segundo o Espiritismo"*, intitulado *"Os Superiores e os Inferiores"*.

Entenderia a caríssima primeira dama, inicialmente, que a autoridade *"é uma delegação de que se pedirá contas a quem dela foi investido"*, ou seja, quando se ocupa um cargo de direção, se passa a ter responsabilidade ainda maior por seus atos, de vez que estes ecoam, de forma mais ou menos decisiva, sobre a população que se submete a esse domínio.

Por isso, o **pior uso** que se pode dar à autoridade outorgada é colocá-la ao próprio serviço: seja para obter favores especiais, seja simplesmente para satisfazer aos impulsos egóicos, seja mesmo para impor uma forma de ser ou de pensar.

Seguindo na leitura daquela mensagem, deparar-se-ia a respeitável senhora com esta maravilha elucidativa:

"O depositário da autoridade (...) responderá pela boa ou má orientação que der aos seus subordinados; e as faltas que estes puderem cometer, os vícios a que forem arrastados em conseqüência dessa orientação ou dos maus exemplos recebidos recairão sobre ele (...)".

Analisando a atitude apologética do aborto por parte da notável senhora, naquilo que ela pode significar para a manutenção da prática abortiva naquele país ou influenciar para a aderência ou a perpetuação de tão equivocada posição em outras pessoas, conclui-se, sem maior ginástica mental, dever a mesma ser "debitada" na contabilidade consciencial, para o seu autojulgamento, após a desencarnação.

Importante, portanto, que não esqueçamos nunca de nos colocarmos na condição do ser que sofrerá maior prejuízo com as nossas ações e que tenhamos sempre em mente que a vida é um bem **inalienável**, direito maior do homem sobre a Terra (lembrar que a espécie humana é caracterizada pela presença de 46 cromossomas, integralmente presentes no zigoto e, por conseguinte, marcando-lhe a individualidade) e que o nosso direito deve se extinguir nas fronteiras do direito do próximo.

10

O DOM DA VIDA

*E disse Deus em seguida: façamos o homem
à nossa imagem e semelhança (...).
E criou Deus o homem à Sua imagem (...),
e criou-os macho e fêmea.*
(*Gênesis, I: 26,27)*

Existimos!

A vida é o maior bem colocado em nós pelo Sopro Divino que anela pela nossa felicidade.

Pensamos, queremos, realizamos e nos conduzimos diante da Eternidade, navegando nas águas infindas do éter cósmico, segundo as normas imutáveis que nos impelem para o melhor, sugerindo-nos, a cada instante, o belo: a perfeição.

Nada seríamos — como nada somos — sem Aquele que nos dirige os destinos pelos passos empreendidos por nós mesmos.

Viver é posicionar-se na rota das provas e das expiações, acumulando experiências e burilando o Espírito, fortalecendo os laços de amor e construindo elos de fraternidade, adquirindo responsabilidades e abrindo espaço para a maioridade espiritual.

O Espírito, sim, este tem vida imortal! Mas para tornar-se

apto ao exercício da cidadania na Pátria Espiritual, imprescindível é vivenciar e adquirir virtudes, desfazendo-se dos vícios e das imperfeições que caracterizam os primitivos albores da consciência.

Cuidar da vida na Terra, permitindo criem-se maiores condições para um aproveitamento mais racional do estojo orgânico recepcionado no instante do nosso afloramento na dimensão física, deve ser preocupação de cada indivíduo, assim como cuidamos das coisas alheias que tomamos por empréstimo. O corpo somático não nos pertence; também não nos pertence a vida biológica, porquanto foge do nosso controle mantê-los indefinidamente ao nosso serviço.

Que dizer então da atitude de querer colocar-se à parte da vontade divina, cortando os fios que mantêm o Espírito jungido ao *"casulo de carne"*, arbitrando a vida e a morte"?

Pura inconseqüência e insipiência, senão sublevação e subversão da ordem universal!

Valorizar a vida é dever de todos nós; é coerência e sabedoria.

11

NEUROQUÍMICA E COMPROMISSOS CONJUGAIS

Os impulsos que determinam o interesse entre um homem e uma mulher têm sido interpretados de diversificadas maneiras pelos estudiosos do assunto. Há os que defendem a ideação da *"mulher ideal"* ou do *"homem ideal"* calcada nos anseios íntimos de cada um e fortemente influenciada pelas figuras materna e paterna, respectivamente; há, também, a hipótese de uma possível univocidade de aspirações e tendências que agiria na interação e promoção dos laços responsáveis pelo ajuntamento ou aproximação do casal.

Atualmente, porém, vêm sendo desenvolvidas pesquisas sugestivas da participação biológica nesse processo de atração física e psíquica do par enamorado, através de fenomenologia de ordem bioquímica.

Consideram os experimentadores que o plugue do romantismo seria conectado pela produção exacerbada, em certas áreas cerebrais, de substâncias responsáveis por esse *"envolvimento-encantamento"*, determinando, dessa forma, clima favorável à instalação de um relacionamento afetivo mais aprofundado. Estariam envolvidas nesse mecanismo certas substâncias conhecidas, em seu conjunto, pela designação de **neurotransmissores**, dentre as quais implicam como principais a **noradrenalina**, a **dopamina** e a **feniletilamina**, sendo que esta última determinaria, até mesmo, aquele estado de alheamento tão característico dos apaixonados.

Os Espíritos incumbidos de nos trazer a Terceira Revelação têm, repetidas vezes, chamado a nossa atenção para o fato de que, ao reencarnarmos, programamos a nova existência, consoante nossas necessidades evolutivas, até mesmo no que se refere aos companheiros que deverão compartilhar-nos a família terrena — pai, mãe, cônjuge, filhos etc. Essas relações familiais podem ser respaldadas por afinidades no campo da afeição e do amor, mas de outra forma, por sintonia na faixa das desavenças clamantes pelo reajuste ante a Lei.

É bastante usual, após a convivência a dois mais demorada, surgirem questionamentos do tipo:

— Mas nós nos dávamos tão bem!... Ele(a) era tão cortês!... Nós nos amávamos tanto!... O que aconteceu?!...

O que ocorre é que (excluindo os casos em que não foram levados em conta os compromissos adrede firmados na erraticidade), por ocasião do reencontro, no mundo formal, dos dois seres compromissados na constituição de um lar, há todo um processo responsável por sua aproximação, iniciado nos núcleos específicos do perispírito, envolvendo-os em um clima de recíproca atração, pelo despertar, em nível inconsciente, dos ajustes a que anuíram.

Assim, pois, em decorrência da maravilhosa sincronia psicossoma-corpo somático, dar-se-iam as alterações neuroquímicas já mencionadas. Isso proporcionaria àqueles dois Espíritos as oportunidades de que carecem para o cumprimento, em seu próprio benefício, do acordo realizado no mundo espiritual, a despeito de ser a imensa maioria dessas relações do tipo prova ou expiação.

As pesquisas, porém, apontam que, após dois ou três anos, em resposta a um mecanismo desenvolvido pelo próprio organismo, denominado *"tolerância"*, dá-se uma redução da **dopamina,** da **noradrenalina** e da **feniletilamina** e uma conseqüente diminuição daquela ação indutora da paixão, ao mesmo tempo em que, compensatoriamente, passa a se produzir um acúmulo de substâncias conjuntamente conhecidas pelo nome de **endorfinas**, também neurotransmissores e promotoras de uma sensação de segurança e tranqüilidade. Existe, pois, arrefecimento da paixão, enquanto se instalam as condições básicas, no corpo físico, para a vivência do amor propriamente dito, agora *"senhor"* — e não mais *"servo"* — do sexo periférico (interação genital).

É exatamente nesse momento que o Espírito, se ainda não conseguiu tecer os laços de ternura, amizade e afeição, ver-se-á instado a usar de toda a sua determinação e perseverança na manutenção da união esponsalícia. Pena que muitos soçobrem aos ventos da adversidade, como se depreende do grande percentual de separações conjugais!

A se confirmar, com o estudo e a observação mais judiciosos, a *"Teoria Química da Paixão"*, mais uma vez teremos a ciência terrena demonstrando, na prática, as assertivas espíritas das relações iniciadas na dimensão extra-física, não obstante sua postura invariavelmente radical, hostil e inflexível no que concerne às coisas do espírito.

Aguardemos e brevemente lograremos o aval da Ciência a todos os postulados da Doutrina dos Espíritos.

12

CRIMES HEDIONDOS E PENA DE MORTE

A sociedade moderna vive em contínuo alvoroço pelas atrocidades que em seu seio ocorrem, multiplicáveis e expansivamente, em todos os níveis socioculturais. Esses *"escândalos"*, da concepção crística[14], acontecem em resposta ao próprio estado de imperfeição em que nos encontramos e, também, em função da ebulição oriunda, por sua vez, do momento de transição pelo qual passamos (Mundo de Expiações e Provas/ Mundo de Regeneração).

Informam-nos os habitantes do Extra-físico, ser esta ebulição temperada pela presença na Terra, como encarnados, de Espíritos há muito radicados nas trevas e que ora recebem uma derradeira chance em solo terreno, para a conquista da própria redenção, facilitada pelo contato de companheiros mais espiritualizados e em meio a uma atmosfera mais transcendentalizada pelo *"boom"* mediúnico vigente, como

---

[14] JESUS. Mateus, 18:07.

resultado da implantação da Era do Espírito[15].

Os crimes hediondos são, por esse motivo, explicáveis pela entrega desses Espíritos às suas paixões mais degradantes e do seu conseqüente desvio dos objetivos que lhes foram traçados carinhosamente, por ocasião do planejamento palingenésico, por parte dos Espíritos Superiores responsáveis por esse mister. Assim, melhor compreendemos o porquê do aumento crescente da criminalidade hedionda.

Vale salientar que a sociedade não está tão *"inocente"* assim como pode parecer, visto que, como se não bastasse a sua vulnerabilidade provocada pelos erros perpetrados em outras existências, hoje, ainda, ela gera situações fomentadoras da sanha assassina e dos instintos bestiais naquele com maior debilidade moral. É o que se depreende da propaganda lasciva e libidinosa veiculada pelos órgãos de comunicação com o aval da comunidade; da perversão dos costumes com a inversão do certo e do errado e uma filosofia de vida sofística sobre isso; e com a sede de satisfações materiais, bem como do império do egoísmo, dilatando perversamente as diferenças sociais e econômicas, permitindo à fome e à miséria tornarem-se más conselheiras para os corações já tíbios no Bem ou à permissividade favorecida de tantas transgressões das leis naturais.

Como resultado de toda essa situação de violência, geratriz de toda a onda de pânico instalada em nosso meio, há o aceno de alguns com a solução simplista e equivocada da **pena de morte**.

---

[15] Com o advento do Espiritismo, comprovando cientificamente a imortalidade da alma e fazendo compreender os mecanismos das relações do Mundo Físico com o Mundo Invisível, instalou-se a Era do Espírito, o que certamente, no futuro, deverá ser anotada pelos historiógrafos.

A Doutrina Espírita, porém, esclarece-nos de forma categórica que não compete ao homem determinar a morte do próprio homem, pois que, ao matar-se o criminoso, promove-se apenas a sua transferência para o lado invisível, continuando ele a agir por sintonia com os que se afiniza, apenas então com maior revolta e maior agressividade, e pior, sem a possibilidade de cerceamento da sua ação, agora inalcançável à lei humana. Esta a razão maior da mais completa incompetência da **pena de morte** como solução para os problemas da criminalidade.

Somente um esforço conjunto de todos no sentido de humanizar o Sistema Penitenciário, tornar educativa a penalidade e instituir o trabalho compulsório para todo detento como meio de sustento próprio – isso no período de encarceramento –; e, também, no de modificar os costumes, ao mesmo tempo em que se criem maiores possibilidades de uma vida mais digna para a população em geral, atendendo aos requisitos básicos para estruturação de cada membro da sociedade (alimentação, educação, saúde, trabalho e espiritualização) poderá agir decisivamente na solução de problema de tal magnitude.

Vê-se, pois, ser indispensável a adoção de uma política inspirada pelos ideais de fraternidade, igualdade e liberdade e, conseguintemente, regida pelo amor pregado por Jesus a todos os povos, para a solução paulatina mas definitiva de tal flagelo.

Cada um de nós é, pois, responsável, de certa forma, pelo estado de degradação e caos a que chegamos como sociedade e, por isso, cabe-nos fazer a nossa parte no processo de melhoria desta mesma sociedade.

Comecemos sem erros! Comecemos por dizer não à **pena de morte**.

13

CASAMENTO: INSTITUIÇÃO FALIDA?

Ouve-se freqüentemente, em nossos tempos, afirmar-se que o casamento como costume tem seus dias contados, porque a instituição família *"saiu de moda"*. Será mesmo verdadeira essa pregação dos profetas do pessimismo e do negativismo travestidos de modernistas?

Fazendo-se uma retrospectiva histórica das relações humanas, vê-se que, de remotas eras, o ser humano busca a formação de sociedades, seja pelo amparo proporcionado pela união de esforços, seja pela carência afetiva e de amizade. O ser humano é um animal gregário, um ser social. Assim, formavam-se os bandos, onde as relações sexuais aconteciam de forma poligâmica (poliândrica), a princípio de forma generalizada e, com o passar do tempo, tendendo para a formação de organizações familiares.

Se, primitivamente, os fundamentos éticos regiam-se pelo convívio de uma mulher com vários homens ou de um homem com várias mulheres, sabe-se que, ao palmilhar do tempo, estabeleceu-se a monogamia o que, no dizer judicioso dos Espíritos Reveladores, retrata progresso espiritual[16].

I. FUNÇÕES DO GRUPO FAMILIAR

As funções da família foram se ampliando e delineando com o progresso anímico. O grupo familiar permite se cumpra a lei divina da *união conjugal*, permissora da materialização dos Espíritos no mundo denso, através das leis reencarnatórias, ao mesmo tempo em que sacia as carências psicofisiológicas e afetivas do casal, a bem do seu equilíbrio geral.

Além disso, o lar constitui-se no primeiro grupo social daquele que aporta o mundo formal à cata de aperfeiçoamento; é o local onde receberá a indispensável educação facilitadora de sua transformação moral e promotora de sua adaptação ao renovado convívio sócio-cultural. Representa o lar a área para treinamento do amor que, no futuro, deverá expandir-se a toda humanidade. Exercita em horizontes restritos o que deverá executar universalmente.

Aos pais cabe a responsabilidade de *"desenvolver os Espíritos dos filhos através da educação"*[17].

II. TIPOS DE CASAMENTOS

A assunção do compromisso conjugal costuma ter início antes da reencarnação[18] e se materializa pela atração promovida via afinidade energética e apelo das forças genésicas de cada um

---

[16] KARDEC, Allan. –*"O Livro dos Espíritos"*. Trad. J. Herculano Pires, perg. 695 a 701: EME Editora: Capivari-SP.

[17] KARDEC, Allan. – *"O Livro dos Espíritos"*. Trad. J. Herculano Pires. Perg. 208. EME Editora: Capivari-SP.

[18] Nos casos de reencarnações planejadas.

dos enamorados, criando com isso uma atmosfera de envolvimento e chamamento à consecução do compromisso que os leva à concretização da união[19].

Didaticamente, podemos classificar os casamentos como sendo:

1. CASAMENTOS PROVACIONAIS OU EXPIATÓRIOS

Não somente os laços amorosos possuem a faculdade de aproximar os Espíritos, mas também os liames do ressentimento, da mágoa e do ódio. Esses últimos produzem veros grilhões agregadores e constrangedores a uma busca mútua, no tentâmen do *"acerto de contas"*, preferencialmente em bases de entendimento e relacionamento harmônico.

Expressiva parcela das reuniões esponsalícias, em nosso mundo, estão nessa conta, o que nos facilita a compreensão das imensas dificuldades de relacionamento conjugal em grande número dos nossos lares. O que era, no princípio, um venturoso "amor", ao tempo prazeroso da paixão, transforma-se muitas vezes em desditosa união.

As diferenças e os conflitos se acumulam a exigir paciência, renúncia e entendimento recíprocos para a manutenção da sociedade conjugal, em favor de melhor relacionamento e desenvolvimento do sentimento amoroso, em geral respaldados pela presença e necessidade de companheiros e amigos em comum do pretérito, ora recebidos como filhos.

2. CASAMENTOS MATERIAIS OU OCASIONAIS

São muito mais freqüentes do que se imagina. Aqui, o móvel

---

[19] Ver capítulo 11.

da *"união"* é todo de ordem material: sexual (sensorial), financeiro ou social. Não se leva em consideração o que é de divino no casamento: a **"Lei de Amor"**. Não há compromisso prévio, mas simplesmente o desabrochar concupiscente engendrado pela cobiça e a volúpia.

São uniões fadadas ao insucesso pela ausência dos elos sentimentais, muito embora, a partir de então, pela impregnação mútua das energias genésicas e vivências em comum, forme-se a assunção de um compromisso que, caso estacione mal resolvido pela separação, exigirá reencontro futuro para a resolução das pendências de ordem afetiva e emocional.

3. CASAMENTOS HARMÔNICOS OU FELIZES

Nesses casos, dá-se o reencontro de Espíritos-afins, com vivências positivas e gratificantes, e relações de amor tecidas através de inumeráveis oportunidades palingenésicas. Entre esses Espíritos, não obstante as dificuldades e limitações inerentes ao estado evolutivo do *"mundo de expiações e provas"* em que vivemos, há harmonia, entendimento e relativa felicidade.

Aqui ocorre a reunião de Espíritos que se amam além de quaisquer atrativos corporais e materiais, o que não significa terem sido criados por Deus um para o outro, pois os Espíritos Reveladores, contestam de forma indiscutível a existência das tais *"metades eternas"* ou *"almas gêmeas"*, como se pode averiguar pela seguinte resposta dos Numes da Revelação Espírita:

"(...) Não existe união particular e fatal entre duas almas"[20].

---

[20] KARDEC, Allan. – *"O Livro dos Espíritos"* Trad. J. Herculano Pires. questão 298. EME Editora: Capivari-SP.

III. DESINTEGRAÇÃO DA FAMÍLIA

O certo é que em todos os tipos de casamentos da classificação didática aqui proposta há que se estar vigilante no cumprimento das obrigações assumidas no tocante à atual reencarnação, agindo responsavelmente de modo a bem utilizar as experiências proporcionadas, a fim de galgar patamares mais elevados na escala evolutiva e desfazer-se dos débitos pretéritos, sem assumir outros no presente.

A desintegração da família, produto da fuga daqueles compromissos, tem sido responsável, em elevados níveis percentuais, pela queda de inumeráveis companheiros de romagem terrena, que se perdem desarvorados nas viciações de toda ordem (tóxicos, prostituição etc.) e em desatinos geradores de distúrbios psíquicos, desaguando a omissão em dolorosas expiações futuras.

A rotina, a supervalorização de problemas do cotidiano, o esfriamento das emoções, o distanciamento dos corações e a repressão à manifestação espontânea de carinho pelo descaso no renovar da relação conjugal dão margem ao tédio e à carência afetiva, que predispõem — e, de certo modo, induzem — à procura de novas emoções em relações extraconjugais, pondo em risco a manutenção da sociedade conjugal constituída.

Tudo isso podendo estar associado à ação de companheiros desencarnados, sequiosos de promoverem discórdia e queda, sombra e sofrimento, em obsessão sutil ou declarada, facilitando reencontros com parceiros de outras vivências mal resolvidas e desajustadas do passado reencarnatório, trazendo toda uma gama de emoções represadas no inconsciente e, assim, consolidando o fracasso do compromisso esponsalício.

IV. FAMÍLIA E PROGRESSO DA HUMANIDADE

Os Espíritos amigos são unânimes em afirmar incisivos que o *"relaxamento dos laços de família resulta em recrudescência do egoísmo"* e que *"a abolição do casamento seria o retorno à infância da humanidade e colocaria o homem abaixo mesmo de alguns animais"*[21], demonstrando, de forma inequívoca, ser a família instituição imprescindível e indispensável no evolver espiritual do Espírito encarnado.

Independentemente das profundas transformações familiares ocorridas contemporaneamente, observa-se expressivo número de quedas, resultado das distorções nos critérios utilizados ao constituir-se a família ou quando da decisão de romper com os laços matrimoniais, bastas vezes por conta do egoísmo, da sensualidade e da imprevidência.

Tolerância, compreensão, carinho, afeto e valorização recíprocos entre os cônjuges, além da vigilância constante do pensamento e das ações, estes os mecanismos e o segredo para a manutenção da sociedade conjugal e o cumprimento das responsabilidades esponsalícias de forma prazerosa e amena, senão resignada e serena.

---

[21] KARDEC, Allan. – *"O Livro dos Espíritos"*. Trad. J. Herculano Pires. Perg. 775 e 696, EME Editora: Capivari-SP.

14

EM BUSCA DA CURA

Existe em nosso meio um tanto de dificuldades no discernimento dos objetivos básicos da Doutrina Espírita, bem como uma tendência a distorcer-lhe determinados aspectos e dissociar-lhe a estrutura tríplice[22], ora optando por uma de suas facetas, ora por outra, sempre ao sabor das preferências grupais, à maneira do acontecido no processo de desenvolvimento do Cristianismo, após o seu primeiro tricentenário.

Dentro dessa onda de incongruências, vamos encontrar, como um dos empeços a um melhor conhecimento dos seus princípios pela sociedade, as chamadas *"sessões de cura"* das enfermidades físicas que afligem nosso povo — já como resultante das transgressões pessoais à Lei Universal, já pela predominância egoísta e cegueira espiritual que nos dirigem os passos neste mundo.

Essa prática curadora, da forma como muitas vezes é conduzida, gera acendrado misticismo, contribuindo

---

[22] O Espiritismo é doutrina de tríplice aspecto: científico, filosófico e moral (religioso).

negativamente para uma descaracterização da Doutrina junto à comunidade; além do mitismo tão nocivo dos médiuns que intermedeiam as curas, transferindo do todo para a parte o que há de importante nesses fenômenos.

De fato, se indagássemos à maioria da população sobre o que seja o Espiritismo, a resposta, muito provavelmente, resumir-se-ia ao trabalho mediúnico de curas, pouco acrescentando ao entendimento popular e, ainda uma vez, confundindo a instrumentália com a finalidade.

Nada temos contra a Mediunidade — e especialmente a Mediunidade de Cura —, mas é notório o despreparo doutrinário de grande parcela dos grupos que a ela se dedicam, distanciando-se claramente — seja pela dinâmica do trabalho, seja pelos propósitos — do que nos ensina Kardec em *"O Livro dos Médiuns"*, no que pese a rotulação de *"espíritas"* por parte da maioria desses grupos de trabalho.

Ora, a Doutrina Tríplice, pelo poder de transformação que detém, ainda possui inumeráveis contraditores e inimigos que tentam obstacularizar-lhe a expansão e que, por ignorância ou má fé, utilizam-se dessas dissonâncias para combatê-la, desfocando-lhe a coerência, na tentativa de reduzi-la meramente a uma seita de néscios e místicos (na sua acepção mais deplorável).

E nós, os agraciados com a luminosidade espargida pela Doutrina de Consolação e que nos afirmamos espiritistas, o que temos feito para modificar a situação que aí se encontra? É-nos imprescindível e inalienável a participação mais ativa no cenário comunitário, disseminando suas idéias libertadoras e, mais que isso, impressionando a mente de quem nos ouve e vê com o vivenciar das mesmas.

Mas quais seriam, em verdade, os intuitos destacáveis do

advento da Terceira Revelação?

Eles transitam pelo esclarecimento da essência humana, apresentando as provas da realidade *post-mortem*; pela justificação dos motivos das nossas vivência e existência terrenas, no percorrer dos caminhos que nos transportam à felicidade; pela liberação das algemas que nos jungem à materialidade, ampliando-nos a visão para as Verdades Eternas; pela consolação dos nossos sofrimentos e dores, no entendimento da nossa participação em sua gênese, e mais que isso, indicando-nos o que e como fazer para nos emanciparmos da dor.

O Espiritismo é ciência — a Ciência do Espírito — e abriu os horizontes da Humanidade para a pesquisa psíquica, introduzindo nossa cultura na *"Era do Espírito"*. É ciência, conquanto ilimitada, no que tange ao seu campo de abordagem, posto que transcende o campo ilusório da matéria.

Apesar de ciência, assume postura de aproximação com a fé, não dispensando-a, antes fortalecendo-a com o vigor da razão, metamorfoseando-a em *"fé raciocinada"*. Razão e fé unidas em tal simbiose que uma retroalimenta a outra. Razão e fé que, no contínuo de suas relações, amadurecem a intuição, permitindo o seu uso na busca da evolução e da compreensão espirituais. Razão e fé conjunta que nos libertam das teias do mecanicismo, influenciando-nos concepções mais avançadas da vida e, também, da coexistência e interrelação do ser-vivo-na-Terra e do ser-sobrevivente-à-morte na concepção de matéria do linguajar acanhado da Física moderna.

Apoia-se a Doutrina dos Espíritos no Evangelho de Jesus, revivendo-o, redimensionando-o, clarificando-o e tornando-o compreensível ao nosso tempo; analisando-lhe as particularidades e promovendo uma visão de conjunto de seu todo, no propiciar de maior amplitude para a sua proposta; penetrando-lhe o âmago e desembaraçando-lhe o sentido oculto.

O Espiritismo congrega simultaneamente a razão, a fé e o gosto pelo saber — Ciência, Religião e Filosofia. É *"a síntese do conhecimento humano"*, no dizer do Prof. José Herculano Pires[23], *"com repercussões inteiramente morais"*, no afirmar de Kardec[24], induzindo a uma mudança de vulto no comportamento do homem e à tomada de consciência, por parte desse homem; de que devem advir dele as alterações que tanto anseia para o planeta, posto ser o todo nada mais que o somatório do que caracteriza cada um.

Estas alterações farão surgir um mundo novo, onde poderemos irmanar-nos, onde as fronteiras serão encaradas unicamente como necessidades do momento, onde os caracteres raciais possam ser visto simplesmente como determinações ecológicas na adaptabilidade quando do seu aparecimento na superfície terrena, onde as diferenças lingüísticas sejam consideradas apenas como diferentes símbolos a externarem os mesmos sentimentos e idéias, e que mais vale a linguagem do amor, da compreensão e da reciprocidade no Bem.

* * *

Não me anima aqui nem a mais leve intenção de ferir, julgar, acusar ou condenar quem quer que seja, mas unicamente o desejo sincero de alertar para a necessidade premente de orientarmos nossas atividades mediúnicas de acordo com o Ensinamento

---

[23] PIRES, J. Herculano. – *"O Espírito e o Tempo"*. EDICEL: Sobradinho-DF
[24] KARDEC, Allan. – *"O Que é o Espiritismo"*. Trad. Salvador Gentile. IDE: Araras-SP.

Espírita, sob pena de torná-las alienadas à proposição do Cristo, expondo-nos ao risco de vê-las fracassadas, improdutivas e a perderem-se em mediunismo desgastante e paralisante.

O Prof. Núbor Facure, professor titular de Neurologia da UNICAMP e espírita, ao ser entrevistado em programa televisivo que tratava exatamente dessas práticas mediúnicas de cura, assim se expressou:

"Quando nós médicos compreendermos que precisamos trabalhar mais, não haverá mais necessidade de tais comportamentos".

Compreendemos perfeitamente que são muitos os irmãos de jornada terrena pelos quais pouco ou quase nada tem a fazer a Medicina Acadêmica, como também compreendemos ser o nosso Sistema de Saúde Pública muitíssimo deficitário sob múltiplos aspectos, o que determina imensas dificuldades ao cidadão pobre quando da sua utilização; e a isso tudo não estamos insensíveis, mas entendamos, de uma vez por todas, que a cura do corpo na Casa Espírita é acontecimento secundário à cura do Espírito, por ser este o responsável direto pelo conjunto de mazelas que desfiguram-lhe o corpo somático que, por sua vez, é roupagem descartável de que se serve o Espírito *"em trânsito evolutivo"*.

15

OS CLONES TÊM ALMA?

As descobertas científicas no campo da Biologia e da Medicina têm trazido à tona discussões interessantes do ponto de vista ético e religioso. A cada novidade científica, vêem-se intensificados esses debates, que muitas vezes incomodam os homens religiosos que dicotomizam Religião e Ciência, qual fossem áreas inconciliáveis do Conhecimento Humano.

Mas, indiscutivelmente, nenhuma das últimas descobertas causou tanta admiração e gerou polêmica de magnitude igual a que vem produzindo a possibilidade de clonagem do ser humano, suscitando questões como:

"Têm alma os clones?"
"É possível criar a alma através do processo de clonagem?"

Por ser assunto momentoso, mas ainda pouco conhecido em suas bases pelo leigo, vejamos em simplificadas palavras e de maneira a mais objetiva possível o que exatamente é a clonagem.

O processo consiste, segundo os cientistas, em se fazer

regredir uma célula corporal, já especializada, à condição de célula embrionária, em fase de totipotência. Uma das técnicas, consiste em tomar uma célula germinativa, retirar-lhe o núcleo e pôr, em seu lugar, o núcleo de uma célula escolhida de um outro ser e que foi previamente induzida a regredir àquela condição de célula totipotente e, portanto, indiferenciada. A partir desse procedimento, dá-se a formação de um novo indivíduo exatamente igual, **em seu perfil genético**, ao doador celular.

Daí, naturalmente, surgiram especulações do tipo ser possível a produção, em série, no futuro, de personalidades — boas ou más —, de acordo com a vontade dos interessados na sua consecução.

Como o homem moderno costuma sintonizar, ainda, mais detidamente com o mal, já se imagina logo a produção de um batalhão de *"Hitlers"*, de *"Mussolinis"*, de *"Neros"* ou de outras personalidades mal vistas e tidas como extremamente más pela opinião pública.

Mas será que isto é mesmo possível de acontecer?

Em primeiro lugar, não nos é factível esquecer que o homem, na formação de sua personalidade, é influenciado por variada gama de fatores, tais como: genéticos, sociais, culturais e espirituais. Portanto, não teríamos indivíduos com as mesmas características morais, mesmo se os produzíssemos em série. Alguns, possivelmente, com grande semelhança física e, até mesmo, com algumas tendências a distúrbios somáticos, mas **nada além disso**.

A educação familiar, o meio em que fosse chamado a viver, as características do tempo em que fosse instado a agir, certamente que, por si só, resultariam em diferentes gênios e personalidades.

De outra forma, preponderando sobre as demais, teríamos as razões de ordem espiritual. Sim, porque, para que haja vida orgânica mantida, faz-se imprescindível a presença do Espírito. Logo, os clones são (no caso dos animais irracionais) e serão (quando se fizerem os humanos) seres governados pela centelha anímica, pela alma que é maestrina da vida.

Obviamente que não se pode criar a alma no Laboratório. O que se faz é oferecer um corpo somático a um Espírito necessitado de ingressar no mundo material através da reencarnação.

E como isso se processaria?!...

Ora, não imaginemos que os Espíritos responsáveis pela fenomenologia palingenética estejam de braços cruzados e que, à semelhança de Iavé na Bíblia, encontrem-se perplexos com a "audácia" do homem, surpresos com a investida do ser humano no desenvolvimento de técnicas alternativas para viabilizar o processo reencarnatório. Não! Os Espíritos trabalham conjuntamente com os cientistas encarnados e muito freqüentemente apresentam os candidatos ao futuro corpo, sendo bastante o trabalho honesto e visando o Bem da equipe encarnada.

Quando não programada a reencarnação, a Lei funciona automática sobre aqueles Espíritos recalcitrantes e que não procuram trabalhar o seu próprio progresso, havendo um arrastamento compulsório do Espírito pelo material genético posto à disposição, sob a ação das leis de afinidades, de sociedade, de reprodução e do progresso[25].

Dessa maneira, semelhantemente ao que acontece nas concepções naturais, o Espírito preexiste ao corpo e serve mesmo de modelo à sua formação.

---

[25] Ver *"O Livro dos Espíritos"*, Terceira Parte, *"Das Leis Morais"*.

Logo, não iremos encontrar indivíduos exatamente iguais, do ponto de vista psicológico, ao doador celular, ficando as semelhanças psíquicas por conta unicamente da afinidade que, aliás, desde que aliada à necessidade reencarnatória, será o bastante para fazer com que este ou aquele Espírito se aproxime do material genético em trânsito embrionário.

Reencarnações compulsórias não programadas pelos Espíritos amigos, aliás, já ocorrem no dia-a-dia da Humanidade nos casos de atividade sexual irresponsável ou de descaso, inconsciência e alheamento às necessidades espirituais dos envolvidos.

Por outro lado, podemos afirmar que de há muito já existem clones humanos: desde que o homem é homem! Basta observarmos os gêmeos univitelinos: possuem exatamente o mesmo material genético. São o que poderíamos denominar de *"clones naturais"*.

No entanto, a despeito de possuírem a mesma estrutura genética, apresentam sob o aspecto psicológico, diferenças que às vezes são de monta. E por quê? Porque são Espíritos diferentes, com experiências particulares e, por conseguinte, com tendências e carências específicas.

O Espiritismo não é contrário à pesquisa científica, pois esta, também, é reveladora da verdade. Até porque o conhecimento científico de *per si* não é bom nem mau; o destino que lhe dá o homem que o detém é que vai torná-lo benéfico ou maléfico. Portanto, compreenda-se que a problemática conjuntural do mundo é de ordem exclusivamente **ética**, quer dizer, é preciso que os cientistas — como de resto toda a Humanidade — busquem a sua moralização para que as aplicações das suas descobertas resultem sempre em bem-estar, paz, harmonia e fraternidade para os homens. O conhecimento deve ser utilizado para fortalecer em nós o amor pela vida e por nós mesmos; o amor a Deus e ao próximo dos ensinamentos crísticos.

A Doutrina Espírita tem, sob todos os aspectos, muito a oferecer aos cientistas, pois elucida de forma clara e racional a fenomenologia da vida e orienta sobre as peculiaridades do espírito interagente com a matéria, desembocando inapelavelmente na moralização do ser humano.

Quanto aos clones, podemos sem dúvida alguma afirmar que, desde que se viabilize a tecnologia necessária para a sua formação e desde que consigam manter-se vivos após o nascimento, albergarão uma alma que preexiste ao corpo, em tudo semelhante a nós outros, mas ostentando as suas peculiaridades, as suas próprias tendências que poderão ter facilitada ou não a manifestação pelo novo complexo celular.

Não se deve, entretanto, sancionar a pesquisa com o ser humano, até que a técnica aplicada ao processo para os animais irracionais esteja completamente dominada.

É principalmente pela imaturidade do conhecimento e das técnicas de clonagem que os bioeticistas, de um modo geral, ainda se mantêm contrários às tentativas de clonagem humana, no momento. Até porque são muitas as questões a serem elucidadas, como por exemplo o caso das repercussões da idade celular no novo indivíduo.

Na verdade, a clonagem humana, como método reprodutivo, não apresenta maiores vantagens sobre os demais procedimentos, além do que, se vier a ser utilizada em larga escala, poderá vir a repercutir de maneira negativa sobre a biodiversidade, pondo em risco a própria sobrevivência da espécie.

Agora, parece-me vir a ter grande aplicabilidade esta técnica, quando mais desenvolvida, para uma possível formação de órgãos falidos, a partir de uma célula do próprio paciente. Seria, portanto, a **clonagem dirigida de um órgão**[26] e com o material genético da própria pessoa, desfazendo, pelo menos teoricamente e do ponto de vista biológico, as possibilidades de rejeição tecidual.

---

[26] Neste caso, não se procederia à clonagem de um ser humano, mas especificamente de um órgão. Não confundir com o procedimento ética e humanamente condenável de se promover a clonagem de um indivíduo para retirar-lhe um dos seus órgãos!

16

EMBRIÕES CONGELADOS

Há pouco tempo, noticiou-se na imprensa laica a decisão do Governo Britânico de destruir considerável contingente de embriões congelados que mantinha sob a sua guarda e responsabilidade, pretextando sua inutilidade.

O fato, que infelizmente não repercutiu na sociedade como um todo, nem mesmo na comunidade científica como se deveria esperar (pelo menos não mereceu o mesmo destaque, se é que ocorreu), carece de suscitar entre nós espíritas, mormente os médicos espíritas, interessante debate ético, visando participar com uma fatia cognitiva para a solução da problemática por ele gerada.

O avanço tecnológico e científico acelerado dos nossos dias, especificamente no campo das ciências biológicas; e a desproporcional velocidade no desenvolvimento das questões morais deixam-nos assim carecidos de pensar soluções éticas para as circunstâncias que vão surgindo e se acumulando.

A Doutrina Espírita, por seu caráter dinâmico e evolucional e sua relação com a ciência, afirma-se sempre favorável ao desenvolvimento científico, já o afirmamos anteriormente, constituindo-se em sólido referencial norteador desse progresso científico-tecnológico no que concerne ao papel da moralidade, no afã de fortalecer os elos de fraternidade, solidariedade e amor interpessoais e o respeito incontido pela vida e pelo semelhante. De sorte que não há por que desestimular a pesquisa científica que venha a facilitar do lado material o processo da fenomenologia reencarnatória, como sói ocorrer com a propalada **Reprodução Assistida (RA)**. Nada obstante, imprescindível manter-se atento às dificuldades de ordem ética, ainda insolúveis nesse setor da investigação científica.

REPRODUÇÃO ASSISTIDA (RA)

Denomina-se RA ao conjunto ordenado de ações médicas no sentido de solucionar a problemática da infertilidade.

Dentre suas modalidades, centraremos nossa reflexão, em razão dos objetivos específicos deste artigo, na chamada *"Fertilidade in Vitro"* (FIV). Com ela se promove a fertilização extracorpórea do óvulo.

Do processo resulta a formação de um variável número de embriões (ou como prefiram pré-embriões, o que não os tornará menos individualidades), que depois serão implantados no útero materno.

Embora as possibilidades de êxito, ou seja, de *"pega"* da gravidez, se façam em proporcionalidade direta ao número desses embriões, constatou-se, após algum tempo de experiência, o crescimento concomitante da probabilidade de gravidezes gemelares, resultando o fato na usança do menor número possível de embriões que viabilize a ocorrência da gravidez com risco mínimo de gemelaridade; após algumas observações, concluiu-se ser quatro esse número.

Em decorrência disso, surge um problema bioético:

⮑ **O que fazer com o excesso de embriões?**

Na tentativa de uma solução resolveu-se congelá-los para aproveitamento em uma outra gravidez desejada pelo casal ou pela paciente.

Apesar dessa aparente solução, pelo menos de forma imediata, acentuam-se, do ponto de vista ético, algumas dificuldades:

a) Consiste em procedimento ético o congelamento dos embriões?

b) Até quando se deve mantê-los nessa condição?

c) A sua viabilidade dá-se por tempo indeterminado?

d) Após algum tempo, não poderia haver alterações embrionárias?

e) Seria lícito utilizá-los na pesquisa científica, unicamente com o consentimento de seus geradores biológicos?

f) A sua extinção não seria o aniquilamento de um ser, de uma individualidade?

Na questão 344 de *"O Livro dos Espíritos"*, afirmam os Numes Tutelares que *"a união* (do Espírito ao corpo) *começa na concepção"* e que *"desde o momento da concepção, o Espírito se liga (...) por um laço fluídico que se vai encurtando cada vez mais (...)"*.

Sendo assim, não há como fugir da interrogação:

"Haverá algum Espírito interrelacionado com os pré-

embriões (embriões congelados)?"

Alguém poderá responder negativamente, alegando o acompanhamento pelos cientistas desencarnados do *"Ministério da Reencarnação"*[27], mas não se podem desprezar os casos compulsórios de retorno às lidas terrenas. A propósito, todos sabemos dos processos automáticos de reencarnação, quando Espíritos empedernidos no mal ou simplesmente alheios às suas responsabilidades são envoltos, por força do automatismo das Leis do Progresso e de Reprodução, em necessidades individuais, nos laços fluídicos genésicos, até por se postarem no campo vibratório de seus genitores, mormente de sua futura mãe, em função da afinidade vibratória ou envolvimento *"credor/devedor espiritual"* com aqueles.

Assim sendo, deveremos contar com os freqüentes casos em que Entidades Espirituais estarão aí presentes, pela sua refratariedade à Lei Palingenésica, pelo envolvimento psíquico atual e/ou pretérito com a genitora (genitor) e pelo apego e envolvimento com as fugidias amarras materiais.

Por quanto tempo assim permaneceriam? Permitir-se-iam atentar para os apelos amorosos dos fulgentes Espíritos socorristas?

E aqueles destinados, após tempo útil, à destruição, não constituiriam verdadeiros abortos? Não estranhe, não! Pois, se o aborto significa a morte do concepto antes do seu nascimento, sem nenhuma dúvida também o é, a despeito de não haver ainda

---

[27] XAVIER, Francisco Cândido/psicografia do Esp. André Luiz. – *"Nosso Lar"*. FEB: Brasília.

sido introduzido na matriz uterina! Pode-se até mudar a nomenclatura, que permanece o delito do aborto. A propósito, seria o caso de denominarmos a este procedimento de **"aborto branco"**.

Deveremos contar com casos em que Entidades Espirituais estarão presentes pela sua refratariedade à Lei Palingenésica, pelo envolvimento psíquico atual e/ou pretérito com a genitora(genitor) e pelo apego e envolvimento com as fugidias amarras materiais.

É bem verdade que existem aqueles casos em que o corpo se vai formando independente da presença do Espírito, mas mediada por mecanismos biológicos e psicoestimulantes (gerenciados pelo perispírito materno) na busca premente de se quitar ante a Lei.

É o que sugere a resposta positiva ao quesito 356 de *"O Livro dos Espíritos"*:

"Há crianças natimortas que jamais tiveram um Espírito destinado aos seus corpos ?".

Há, pois, os casos de Espíritos que se ligam a alguns pré-embriões e que passam a sofrer as agruras do congelamento, exatamente por serem esses mesmos fortemente apegados e envolvidos com a materialidade.

De modo que se pode afirmar não estarem definidas as repercussões espirituais e, por este motivo, constituir-se em fato a ser repensado pela Comunidade Científica.

Talvez uma solução fosse uma postura mais moralizada e menos mercenária, mais ao sabor de um humanismo frutificante do que de um tecnicismo impassível.

17

PANDEMIA OBSESSIVA

A influência espiritual exercida pelos Espíritos desencarnados sobre os homens é bem mais ampla do que o supomos e, por vezes, somos mesmo dirigidos por aqueles. Essa é uma afirmativa dos Espíritos a um questionamento do Codificador da Doutrina Espírita Allan Kardec[28].

A verdade é que os mundos material e espiritual se interpenetram, havendo, no mínimo, duas realidades que se interrelacionam e se influenciam reciprocamente. Nós, seres humanos, estagiários carnais da cidadania universal, participamos dessas duas realidades, posto que somos essencialmente Espíritos.

A Parapsicologia — ciência que investiga os fenômenos ditos *"paranormais"* — há muito já comprovou a veracidade da telepatia[29]. O pensamento, reconhecidamente, transpõe os limites da caixa craniana e, submisso à vontade, percorre distâncias

---

[28] KARDEC, Allan. – *"O Livro dos Espíritos"*, trad. J. Herculano Pires, perg. 459. EME Editora: Capivari-SP.
[29] RHINE, Joseph B. – *"O Alcance do Espírito"*, trad. E. Jacy Monteiro. Bestseller: São Paulo.

consideráveis. Já não se adapta a uma interpretação organicista de mera produção ou secreção cerebral, mas assinala a sua origem extra-física, servindo-lhe o complexo encefálico como maquinaria através da qual é materializado e veiculado no plano formal.

Pelo simples fato de habitarmos um mundo pouco desenvolvido na escala progressista dos corpos celestes e, também, secundariamente à nossa própria imperfeição, predomina entre nós a ação dos maus Espíritos, ao ponto de isso constituir-se em uma das maiores mazelas da atualidade.

A cada instante somos informados – seja pela imprensa, seja pelas pessoas do nosso relacionamento – da grande diversidade de sofrimentos, descompassos, transtornos mentais, desequilíbrios profissionais, desestruturações familiares e tantos outros problemas que, via de regra, têm, senão em sua base causal, no mínimo como elemento agravante de monta, a patologia obsessiva, patologia de caráter espiritual, aflorada na atividade fisiológica, social, cultural e familiar do ser humano.

A sua freqüência e prevalência entre nós, muitas e muitas vezes maiores do que podemos imaginar, deve-se à frouxidão moral, liberação das más tendências, manutenção de maus pensamentos, estimulação de maus pendores, produção de ações incompatíveis com o Bem, acomodação e manutenção das viciações e excessos de toda a ordem, gerenciadas pela invigilância, filha primogênita da descrença e do descompromisso espiritual perante a vida.

Assim, incontáveis são as pessoas que se entregam imprudentes, por toda a encarnação, ao jugo enfermiço de tais companheiros, deixando de produzir e realizar o que deveriam, conforme o planejamento pré-reencarnatório.

Por outro lado, a ciência acadêmica, com a sua postura

inflexível de rejeição sumária, embora as formidáveis evidências da imortalidade da alma e da interação das criaturas do Além sobre os que habitamos o mundo formal, contribui negativamente para dificultar o tratamento do mal obsessivo de etiologia espiritual. Por isso, inumeráveis são os casos de pacientes com patologia psiquiátrica e psicológica resultante da ação primária de uma Mente desencarnada, como também processos primariamente de origem anímica agravados pela ação secundária de Espíritos vingadores.

A aceitação ou pelo menos a abertura dos meios acadêmicos para a avaliação da terapêutica espírita[30] das obsessões certamente que seria um passo na direção de melhores resultados no tratamento dos transtornos psíquicos (psiquiátricos, psicológicos, espirituais).

Aos primeiros sinais de doença obsessiva (espiritual) como: desesperança, irritações freqüentes, labilidade emocional, tendência ao isolamento ou ideação suicida, pensamentos inabituais persistentes e repetitivos, bem como mudanças de comportamentos inexplicáveis; é de bom alvitre, além de se buscar os recursos da Medicina e das Ciências Psicológicas, recorrer, também, ao apoio espiritual.

A terapia desobsessiva é realizada satisfatoriamente nos Centros Espíritas que, além de atividade específica (Reuniões de Desobsessão, privadas, em que se esclareçam aos Espíritos obsessores), informam da importância da participação do enfermo

---

[30] O Dr. Inácio Ferreira, médico psiquiatra mineiro e espírita, realizou, durante algumas décadas, tratamento espírita e pesquisa desse tipo, em sua atividade à frente do Sanatório de Uberaba, como podemos encontrar em sua obra "Novos Rumos Para a Medicina", em dois volumes, editados pela Federação Espírita do Estado de São Paulo (Edições FEESP).

encarnado (obsidiado) em sua cura, através da vigilância continuada e da utilização dos recursos da prece, assim como de imprescindível transformação moral e cristianização interior e exterior, através das atitudes e posturas diante da vida.

Indispensável, pois, manter-se sempre atento a possíveis tentativas de influenciações perniciosas por parte dos nossos irmãos espirituais menos felizes, especialmente enquanto ainda não nos libertamos das sombras que nos mantêm amarrados aos interesses terrenos.

18

TRANSPLANTES DE ÓRGÃOS

O ser humano é um complexo interativo da essência espiritual com a matéria. De maneira didática, os Espíritos Reveladores da Codificação Espírita distinguem três departamentos:

a) **Espiritual** — essência incorpórea e determinante da vida no ser. Imortal, perfectível e o que há de divino em cada um de nós. O **eu** de cada indivíduo.

b) **Perispiritual** — corpo constituído de semimatéria e traço de união com a matéria grosseira. Retém, enquanto necessário, informações das vivências, repassando-as para o corpo físico. Em termos de matéria, mostra uma gradação que se estende desde uma camada mais etérea, mantenedora de relação direta com o Espírito até uma camada mais densificada diretamente relacionada à matéria grosseira (duplo etérico).

c) **Biológico** — o conjunto de células organizadas em sistemas e aparelhos que permite ao Espírito agir especificamente sobre o mundo físico.

Apesar da departamentalização aqui proposta, não se deve entender o ser humano como composto de estruturas estanques, posto que há uma profunda interrelação de suas diversas partes e laços muito íntimos entre elas.

De tal sorte dá-se essa interpenetração e interação que todos os distúrbios vibratórios do Espírito findam por se exteriorizar de maneira palpável no corpo somático (via perispírito) e as grandes modificações que se operam e atingem o invólucro biológico – a depender da responsabilidade do Espírito – podem determinar dissonância vibratória em sua essência.

Isso significa que as enfermidades são, em sua arrasadora maioria, uma disfunção espiritual, à exceção daquelas decorrentes do natural desgaste material pelo tempo e pelo uso correto.

I. OS TRANSPLANTES

As Ciências Médicas têm buscado, ao longo do tempo, solucionar as mazelas que afligem a humanidade. Tendo como maior objetivo o apaziguamento da dor, tem sido desenvolvida toda uma terapêutica destinada à extinção dos males.

Paliativa ou curativamente, o fato é que se tem lançado mão dos mais diferentes recursos para a consecução de tais objetivos.

O avanço da tecnologia e das técnicas cirúrgicas vêm permitindo se opte, nos casos de falência importante e irrecuperável de determinados órgãos, pela transplantação de órgãos semelhantes, de uns para outros seres, com o objetivo de substituir os defeituosos.

Na verdade, as experiências têm demonstrado que os

resultados somente se apresentam aceitáveis, quando essa transplantação ocorre entre seres da mesma espécie.

Com efeito, esse procedimento vem permitindo se prolongue a vida de vários pacientes que, sem essa opção, poderiam ser tidos na conta de *"pacientes terminais"*; assim como, também, oferecer-lhes uma melhor qualidade de vida, item destacado na cogitação das respostas terapêuticas.

Como ocorre para todo procedimento novo em ciência e terapêutica, logo surgiram as dificuldades a transpor, quais sejam de ordem **técnica**, **operacional**, **prognóstica** e **ética**.

No caso ora tratado, pelo fato de serem necessárias estruturas anatômicas de outras pessoas (*"vivas"* ou cadáveres), há que se atentar para as implicações éticas.

Quando as estruturas anatômicas a serem transplantadas podem ser retiradas como uma parte do todo ou se são órgãos duplos — como por exemplos a pele e o rim, respectivamente —, os problemas éticos são de menor monta, embora surja a possibilidade do mercantilismo de órgãos.

Por isso mesmo, em quase todo o mundo, de princípio, não se admite (nem permite) a venda de órgãos, comércio que, mesmo assim, floresce em alguns lugares. Por outro lado, as doações devem, sempre que possível, obedecer a critérios regidos pela lista de espera e pela emergência do procedimento.

Mas, deixando de lado as dificuldades próprias da nossa dimensão grosseira, uma outra grande questão diz respeito às repercussões espirituais dos transplantes de órgãos.

Podemos afirmar sem nenhuma dúvida que a doação voluntária de órgãos, quando os objetivos do doador são integralmente a ajuda ao que sofre, contribuindo para a minimização da dor entre os homens, constitui-se em ação das mais louváveis e que virá a refletir-se positiva e salutarmente sobre o doador, após a sua desencarnação.

No entanto, nem sempre as doações são o reflexo único da generosidade e do desejo de auxiliar. Para melhor entendimento, propomos uma classificação dos doadores quanto ao motivo de sua ação:

1. DOADORES VOLUNTÁRIOS

Todos os que, por sua livre e espontânea vontade, colocarem à disposição de quem necessitar os órgãos constituintes do seu corpo físico, podem ser assim classificados:

a) Doadores Conscientes — compreendem perfeitamente o seu ato e o fazem com o objetivo único de ajudar, por entenderem que o seu corpo não mais lhes será útil após o fenômeno biológico da morte.

b) Doadores Inconscientes — embora se voluntariem para a doação, imaginam que, com a morte do corpo, extingue-se-lhe a mente, a individualidade e, por pensarem no aniquilamento total, põem à disposição seus segmentos corporais.

c) Doadores Futuristas — nesse caso, as pessoas, descrentes da vida futura do ponto de vista espiritual, imaginam manterem-se vivas futuramente se a estrutura orgânica por elas doadas continuar a viver após o seu decesso físico. É o exemplo do coração que continua a bater no peito de outra pessoa. São, portanto, uma modalidade de doadores inconscientes.

d) Doadores Autopromotores — estes têm na autopromoção o verdadeiro objetivo de sua doação. Querem na realidade chamar a atenção sobre a sua postura "moderna e/ou desprendida", sejam de orientação materialista ou espiritualista. Podem, também, relativamente ao seu entendimento sobre a vida

– após a morte, pertencer aos que se classificam como conscientes ou inconscientes.

d) Doadores Mercantilistas — os que negociam com os segmentos e órgãos do seu corpo. Recebem remuneração para se submeterem à doação, seja como *"vivo"*, seja como futuro doador cadavérico, como acontece nos Estados Unidos com algumas pessoas cuja profissão os submetem a um maior risco de *"morte por acidente"*[31].

2. DOADORES INVOLUNTÁRIOS

Representam todos os que têm seus órgãos transplantados a despeito da sua disposição, em vida, de fazê-lo ou não. Seja por determinação dos seus familiares e, agora, com a legislação vigente no Brasil, todos os que, embora não predispostos à doação, se acomodam e não fazem constar em seus documentos. No caso, são os *"doadores presumidos"*.

Aliás, é necessário atenção para com a denominada *"doação presumida"*, pois ela apenas considera o homem material, sem cogitar a centelha espiritual que é o verdadeiro ser. Assim, embora eu seja integralmente a favor de que se doem os órgãos, tenho minhas restrições com relação à lei acima descrita, em primeiro lugar porque não prioriza a educação, no meu entender o caminho mais correto de se aumentar o número de voluntários para a doação de órgãos; depois, porque deixa de levar em consideração o problema espiritual, desprezando as possíveis repercussões anímicas. Até mesmo porque, sem nenhuma dúvida há uma relação direta de causa e efeito entre as forças do espírito e as determinantes

---

[31] São pessoas que, mediante pagamento, deixam disponibilizados seus órgãos, no caso de acidente fatal.

biológicas.

Além do que, as leis humanas precisam ser condizentes com a sociedade por elas regida, sob pena de se tornarem vazias, sem eco. Não é por outro motivo que estamos presenciando uma certa corrida aos Institutos de Identificação, com o objetivo de se fazer anotar nas identidades a condição *"não doador"*. Várias pessoas com quem tenho conversado chegaram mesmo a afirmar-me que já haviam antes recomendado aos seus familiares sobre o seu desejo de se tornarem doadoras, mas que com a aprovação da "lei de doação presumida" desistiram de sua idéia inicial, pois sentiam-se obrigados a isto e a partir daí envolveu-lhes uma instabilidade...

Nos pacientes voluntários conscientes, é bom que se saiba, nenhuma repercussão espiritual negativa poderá ocorrer, senão a satisfação de poder amparar ao que sofre, com os reflexos benéficos do Bem.

Em todos os outros casos, porém, poderá não acontecer maior repercussão espiritual, caso o Espírito, embora não sendo detentor de um bom conhecimento na presente encarnação sobre a vida espiritual, já apresente algum progresso anímico, de maneira que, ao processar-se a morte, ele compreende a sua nova situação e logo se desliga do corpo.

Todavia, se o Espírito não entende muito bem o processo e se mantém apegado ao corpo, poderá não perceber-se como "morto" e não aceitar de bom grado (nem de mau) a retirada dos órgãos "presumidamente doados".

Muitos são os casos de estados obsessivos que se instalam do doador sobre o receptor e, muito provavelmente, essa ação participa com uma importante fatia no grande problema técnico que se apresenta nos transplantes, qual seja o da rejeição orgânica.

Seriam, portanto, do ponto de vista terreno, causas extrínsecas ao processo de transplantação orgânica.

Além das causas obsessivas de rejeição, encontramos outras, de não menos importância, que dizem respeito a respostas com sede no próprio paciente receptor. Em primeiro lugar, devemos citar como uma delas o que se pode chamar de *"reação perispiritual"*. Dá-se que aquele órgão doado, não estruturado sob a regência do seu perispírito passará por dificuldades para se integrar como elemento reconhecido no complexo processo interativo perispírito/corpo somático.

A esse propósito reporta-se o médico geneticista, paulista, Prof. Sérgio Ferreira de Oliveira[32]:

"O transplante de órgãos irá provocar alterações 'metabólicas' tanto nos tecidos biológicos quanto nos tecidos perispirituais, com repercussões em 'feedback' (em cadeia), para o Espírito".

Além disso, devemos contar com as forças inconscientes do próprio paciente. Entendendo que a situação enfermiça a lhe atingir é o resultado — em grande número de casos — de sua própria imprevidência e desatinos pretéritos, o Espírito desenvolve um **complexo de culpa subliminar** na determinação daquela doença, de modo que pode ocorrer o fato de racionalmente o paciente procurar a cura, mas de intimamente, não aceitá-la, por não se julgar merecedor dela e isso passa a ser mais um fator que se soma à rejeição da peça transplantada.

---

[32] OLIVEIRA, Sérgio F. – *"Repercussões Perispirituais em Transplantes de Órgãos"* – *Boletim Médico-Espírita, n° 9, AME-SP.*

Como vemos o insucesso dos transplantes de órgãos tem causas orgânicas e causas espirituais, sendo as primeiras, em bom percentual, decorrentes destas últimas.

II. CAUSAS DE REJEIÇÃO DOS TRANSPLANTES
A) ORGÂNICAS

III. REPERCUSSÕES ESPIRITUAIS

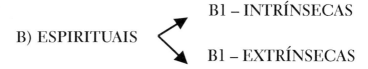

B) ESPIRITUAIS
- B1 – INTRÍNSECAS
- B1 – EXTRÍNSECAS

Pode haver, pois, indiscutivelmente, respostas negativas sobre o Espírito – inclusive com repercussões perispirituais fugidias –, em decorrência da doação de órgãos. No entanto, a despeito das indiscutíveis repercussões perispirituais sobre um certo número dos doadores inconscientes e involuntários, preciso é que se entenda não ser tanto a exérese orgânica, a retirada da peça anatômica, a responsável direta por tais distúrbios, mas sim a idéia que o Espírito forma a esse respeito. Em outras palavras, as repercussões perispirituais que se fazem sobre o doador são produzidas **pela ação e pelas impressões de sua própria mente**.

Não é o fato de se doar a córnea que resultará em cegueira para o Espírito, seja no mundo espiritual, seja em uma próxima reencarnação. Não é porque se doou o coração que se nasce na reencarnação seguinte com uma cardiopatia congênita. Ou qualquer outra relação nesse sentido...

Ressalte-se que mesmo as alterações produzidas costumam

ter a efemeridade da bruma nos dias em que o Sol teima em sair.

IV. DA INCONSCIÊNCIA PARA A CONSCIÊNCIA

Por tudo o que se mostrou até aqui, logo se deduz a necessidade de se propalar o bem que se pode fazer a outrem com a doação de órgãos, ilustrando o mais possível a toda a comunidade sobre a imortalidade da alma e a inutilidade do corpo morto para o Espírito desencarnante.

Com isso, conseguiremos multiplicar o número de doadores conscientes e, na devida proporção, colaborar para que a *"pega"* do órgão possa acontecer em um maior percentual, tornando o método mais viável e com resultados mais satisfatórios, pelo menos até à época em que a Engenharia Genética possa, dentro dos padrões éticos requeridos, produzir os órgãos a serem permutados.

O amor deve ser o sentimento a reger a doação dos órgãos para que o receptor possa ser envolto em uma nuvem fluídica aconchegante e salutar.

Somente o amor, pregado pelo Mestre de Nazaré, poderá sanear o sofrimento na face planetária.

Doe, pois, seus órgãos em um gesto de amor, mas, antes de afirmar-se um futuro doador, detenha-se em análise detida para a conscientização plena do bem que isso pode representar para o próximo e da impossibilidade de lhe vir a causar qualquer mal!

19

SEXO, INSTINTO E EGOÍSMO

Allan Kardec, insigne Codificador da Doutrina dos Espíritos, indaga aos Espíritos Reveladores, na pergunta de n° 202[33], acerca do sexo:

"Quando somos Espíritos, preferimos encarnar num corpo de homem ou mulher?"

Ao que eles respondem:

"Isso pouco importa ao Espírito, depende das provas que ele tiver de sofrer".

E Kardec conclui:

"Os Espíritos encarnam-se homens e mulheres porque não

---

[33] "O Livro dos Espíritos", Trad. J. Herculano Pires. EME Editora: Capivari-SP.

têm sexo. Como devem progredir em tudo, cada sexo, como cada posição social, oferece-lhes provas e deveres especiais, e novas ocasiões de adquirir experiências. Aquele que fosse sempre homem, só saberia o que os homens sabem".

Analisando estes ensinamentos ante o comportamento sexual do homem contemporâneo, pode parecer, a uma primeira investida, não haver atualidade nos mesmos, posto que homens e mulheres vêm supervalorizando o sexo apresentado em sua estrutura anatômica.

Há, também, de outra forma, uma grande incidência de contatos homossexuais e uma indisfarçável defesa, por parte de um certo segmento de pessoas, daquilo que se passou a designar de *"bissexualismo"*, ou seja, pessoas que mantêm relação genital com outras de ambos os sexos.

Preciso é entender, no entanto, que o ser humano vem priorizando — às vezes mesmo tornando o objetivo último de suas vidas — o que podemos denominar de **sexo periférico**[34].

Da mesma maneira que o egoísmo teve o seu papel no desenvolvimento da centelha anímica, a poligamia, nos animais irracionais, por ser regida exclusivamente pelos instintos, foi importante na multiplicação dos seres, favorecendo a grande demanda reencarnatória em nosso orbe. Além disso, a atenção sobre o sexo genital desempenhou um papel relevante no processo evolutivo.

Agora, manter essa genitalidade como objetivo maior em

---

[34] O mesmo que sexo corporal, sem levar em conta os sentimentos mais enobrecedores. O sexo genital e o que legalmente considera-se como atos libidinosos.

nossos dias, com prejuízo mesmo de outros setores, corresponde a teimosia e obstinação em se demorar na horizontalidade da vida. Aguçou-se no ser humano a sensualidade, a busca do prazer, a conduta egóica de satisfação animal, sem a preocupação da sutilização do amor. Nessa busca desesperada pelo prazer e notando o vazio deixado após o contato sexual assim praticado, outras maneiras e possibilidades de relação sexual foram buscadas e utilizadas, o que resultou no bissexualismo. Chegam a afirmar (pessoas mesmo de destaque no cenário artístico nacional) ser o bissexualismo *"uma maior liberdade de opção, um progresso obtido no campo da sexualidade humana"*.

Seria então a ocasião de inquirir-se por que a espécie humana não apresenta caso algum de vero hermafroditismo – seres que mostram anatomicamente genitálias de ambos os sexos –, apresentando unicamente, aqui e ali, casos de pseudohermafroditismo, isto é, de genitália ambígua, embora geneticamente tenham um sexo determinado.

Certo dia, quando eu tratava desse assunto em palestra, reportava-me à condição natural da heterossexualidade. Dizia haver uma relação harmônica entre a anatomia e a fisiologia masculina e a feminina, ao mesmo tempo em que era notória a antinaturalidade das relações homossexuais. Um dos ouvintes discutia ser o homossexualismo — e pela sua lógica também o bissexualismo — uma opção pessoal e um fenômeno antropológico e, conseqüentemente, natural.

Esquecia o prezado ouvinte – penso eu – o significado da palavra natural: *"referente à natureza; produzido pela natureza"*. Ora, é indiscutível que a *"Natureza"* preparou pacientemente os corpos somáticos para a interação genital oposta, de sexos opostos. Isso é o natural!

Podemos entender perfeitamente que o indivíduo, pelo uso do seu livre-arbítrio, venha a direcionar, em grande escala, a sua própria existência. Daí poder optar por essa ou aquela conduta – nem sempre a melhor, nem sempre a mais natural –, até porque ele mesmo responderá por seus atos e porque Deus permite que, na tentativa inconsciente do progresso anímico, desvie-se o homem em atitudes equivocadas.

Entender que há pessoas que têm esse ou aquele comportamento sexual e respeitá-las em sua opção; compreender que todos temos as nossas dificuldades, mormente na área da instrumentalização do amor – a sexualidade; tratar todas as pessoas igualmente, independentemente das suas limitações, tudo isso é bem compreensível e devido.

Agora, afirmar que tudo isso é natural seria não levar em conta:

- A forma e a estrutura funcional dos nossos corpos.
- As repercussões magnéticas da relação sexual (genital).
- Os motivos por que encarnamos neste nosso mundo.

Como percebemos da citação anterior de *"O Livro dos Espíritos"*, não se nasce homem ou mulher por acaso, mas para aproveitar as nuanças e os potenciais da forma, da fisiologia, do contexto social dessas indumentárias – masculina ou feminina –, para fazer eclodir da alma os seus tesouros anímicos. O conjunto dessas condições facilita e predispõe o indivíduo à realização do aprendizado a que se propôs e de que necessita, através das inúmeras experiências que a vida oferece.

Além do mais, pode-se exercitar o amor, em suas várias frentes — maternal, paternal, filial, familial, fraternal —, através de outras relações interpessoais que não a genital. O problema é que o homem ainda se encontra preso à instintividade modulada a prazer sensual e, diferente dos animais irracionais, no exercício do seu *"amor distorcido"* – o egoísmo –, destaca as suas necessidades de gozo e de prazer terrenos, por ainda não haver experimentado as delícias dos prazeres da usança dessa mesma sexualidade nas vertentes da verticalidade existencial, quer dizer, visando esferas mais espiritualizadas e, conseqüentemente, menos materiais.

E essa centralização do mundo em si mesmo torna-o cego e insensível ao fato de que o amor que se expande e se pereniza é o que se dá sem intenção de vantagem, o que se oferece em benefício do próximo, o amor-entendimento, o amor-libertação: amor fraternal no seu mais alto patamar.

20

SUICÍDIO NÃO RESOLVE

A cada dia, vê-se aumentar o número de suicídios. O problema existe em todos os recantos do mundo, nas mais diversas classes sociais. O fato é que a vida contemporânea com os seus desafios, com a solidão em meio à multidão, com o medo do próprio semelhante, com a competitividade desumana, com o predomínio do materialismo, especialmente nos centros urbanos onde o homem dilata sua capacidade intelectual, mas ignora sua condição espiritual, esta vida contemporânea age como má conselheira ao homem que sofre.

As estatísticas indicam que, a cada minuto que passa, pelo menos uma pessoa comete suicídio em nosso planeta, o que nos fornece a vultosa cifra dos quinhentos mil suicídios anuais no mundo. E isso baseado nos dados de registro. Se levarmos em conta, porém, que nos países menos desenvolvidos as estatísticas costumam estar muito defasadas e, ainda, os inúmeros casos de suicídios que são interpretados como acidentes, mortes naturais ou homicídios, será possível aquilatar-se a dimensão do problema.

Podemos afirmar mesmo que os suicídios constituem-se uma verdadeira endemia a subjugar o nosso planeta.

I. O SUICIDA

O suicida pode ser encontrado em todas as faixas etárias e, embora isso possa parecer inacreditável para muitas pessoas, até as crianças se suicidam. E o fazem muito mais do que conseguimos identificar! Muitos dos casos de acidentes envolvendo as crianças — atropelamentos, quedas, acidentes com fogo — têm sua origem em uma determinação da criança de pôr fim à sua própria existência.

No entanto, estatisticamente, os suicídios propriamente ditos acontecem principalmente em pessoas do sexo masculino e de maior faixa etária, beirando a terceira idade. Por outro lado, predomina um maior índice de **tentativas de suicídio** entre as mulheres jovens.

Os homens costumam praticar o suicídio silenciosamente, sem que ninguém saiba das suas intenções, causando comumente surpresa aos seus familiares e amigos.

As mulheres jovens que tentam o suicídio, por outro lado, costumam ameaçar com freqüência, até que um dia consumam a sua ameaça, apesar de, com alguma freqüência, não chegarem a pedir ajuda, como era de se esperar nesses casos, após a consumação do seu ato.

As tentativas de suicídio são, no mais das vezes, uma tentativa sim de chamar a atenção sobre si mesmo, de alertar sobre a sua dor e fragilidade.

Mas é bom que se entenda que as lesões acontecem com gravidade em cerca de 20% dos casos e que 40% reincidem na tentativa de suicídio.

II. AS CAUSAS

As (des)razões que levam um ser humano ao suicídio são múltiplas, mas podemos, em uma tentativa didática de melhor compreendê-las, dividi-las em:

1. Causas Diretas

a) Ociosidade — uma vida vazia, sem objetivos, sem trabalho (seja de que tipo for), torna-se monótona e pode contribuir nos Espíritos mais fracos para a quebra da monotonia no ato suicida.

b) Falta de fé — a descrença na vida futura para aquele que sofre e não vislumbra uma possibilidade de desvencilhar-se do seu sofrimento, termina por levá-lo ao ato suicida como o melhor meio de sustar as suas dores, já que nada mais lhe resta esperar.

c) Influência da sociedade

• **Egoísmo** – as lutas que são travadas para fazer prevalecer a si mesmo e às suas idéias, quando desconsideradas, em sua busca irrefreável de satisfação e vitória pessoais a todo custo têm por base o egoísmo que é insuflado pela sociedade. É este egoísmo que fatalmente alija do páreo os que se apresentarem menos capazes em certas áreas, que movidos por orgulho recorrem ao auto-aniquilamento.

• **Materialismo** – a propagação do nada como perspectiva futura, ante uma vida sem vislumbres de posses ou possibilidades reais de possuir, aliada à miséria e ao sofrimento, sinaliza com a idéia suicida.

• **Competição mórbida** – cada vez mais se é estimulado a uma competição selvagem, aética e perversa para se galgar um patamar, de onde resultam vencedores e vencidos, estes últimos frustram-se e, dentre eles, há os que reagem negativamente, perdendo o gosto de viver.

"*De onde vem o desgosto pela vida?*
— *Efeito da ociosidade, da falta de fé e (...) da sociedade*"[35].

d) Influência de ações em vidas pretéritas — muitas vezes o Espírito já vivenciou experiências dolorosas no passado reencarnatório que o fez buscar no suicídio a solução. Quando os problemas se renovam, aquelas vivências poderão aflorar e a pretensa solução também.

2. Causas Indiretas

a) Obsessão — a influência dos Espíritos nesses casos é indiscutível. Ela pode acontecer sutilmente, na forma de obsessão simples ou em casos graves de subjugação em que o paciente tem a sua vontade completamente dominada pelo Espírito obsessor.

b) Loucura — situações em que o Espírito não consegue manifestar a sua vontade sobre o corpo, por defeitos anatômicos do próprio cérebro ou mesmo quando há um transtorno mental inclusive do Espírito, freqüentemente pelas ações indevidas em vidas pretéritas.

"*A propagação das idéias materialistas é o veneno que inocula em muitos a idéia do suicídio*"[36].

---

[35] KARDEC, Allan. – "*O Livro dos Espíritos*".Trad. J. Herculano Pires, perg. 943. EME Editora: Capivari-SP.
[36] KARDEC, Allan. – "*O Evangelho Segundo o Espiritismo*". Trad. J. Herculano Pires, V: 16. EME Editora: Capivari-SP.

III. MOTIVOS ALEGADOS

Os suicidas ou os que tentaram o suicídio costumam aventar alguns motivos que os levaram ao ato de rebeldia ante as leis divinas.

Inicialmente a busca do nada. O ser queria fugir de tudo, buscava a nadificação propalada pelos materialistas e frustram-se intensamente ao se verem *"vivos"* ainda e com os sofrimentos **dilatados**.

As dores físicas ou morais são muito freqüentemente o motivo daquela busca do nada.

Não há como negar que as dores diversas provocam situações aflitivas, mas o homem, pelo seu imediatismo e pela visão material da vida, amplifica o seu quadro doloroso com o desespero, o que não ocorreria se entendesse que a vida física é passageira e que a vida do Espírito é imortal.

Há suicidas que pretendem esconder suas intenções, tentando "tornar útil" a sua morte, buscando com um pseudo-altruísmo a liberação de sua culpa diante das leis divinas. Enganam-se a si mesmos, mas não ao Tribunal da Consciência, após a desencarnação, pois não se pode esconder a real intenção do ato suicida.

Outras vezes, inconformados com a partida de familiares e amigos queridos, optam alguns por "buscá-los no Além", crendo encontrá-los logo. Outro engano! A mudança vibratória unicamente os distancia do seu objetivo, prolongando mais ainda o tempo de reencontro e, conseqüentemente, a sua saudade.

IV. TIPOS DE SUICÍDIOS

Podemos classificar os suicídios:

1. QUANTO AO MÉTODO UTILIZADO

a) **Direto** – quando a pessoa utiliza-se de meio químico, físico ou mecânico com o fim determinado de matar-se.

b) Indireto – quando a pessoa coloca-se em situação que a predispõe à desencarnação, seja por imprevidência, por fraqueza moral ou voluntariamente.

2. QUANTO À VONTADE SUICIDA

a) Conscientes (voluntários) — nesses casos a pessoa está decidida a suicidar-se. Há a intenção de matar-se.

b) Inconscientes — quando a intenção primária não é a de pôr fim à própria vida, mas vivenciar determinadas práticas, a despeito do reconhecimento da sua ação danosa sobre o organismo. Fumar, beber alcoólicos, usar tóxicos, dentre outros vícios, são formas indiretas e inconscientes de suicídio. É óbvio que à medida que a pessoa vai entendendo mais profundamente os males causados por aquela ação, diminui a inconsciência e passa a ter maior responsabilidade pelo ato suicida.

V. REPERCUSSÕES DO SUICÍDIO

Podemos caracterizar as repercussões do ato suicida em mediatas, aquelas que se fazem no período logo após a morte do corpo e tardias, as que se manifestam decorrido maior tempo e, inclusive, em uma próxima reencarnação.

1. REPERCUSSÕES MEDIATAS

"Nas mortes violentas, por suicídio (...), o Espírito é surpreendido, espanta-se, não acredita estar morto, sustenta teimosamente que não morreu."[37]

---

[37] KARDEC, Allan. – *"O Livro dos Espíritos"*. Trad. J. Herculano Pires, perg. 165. EME Editora: Capivari-SP.

Sabemos que o processo morte/desencarnação determina um estado de desequilíbrio e perturbação anímicos, variável em função da evolução do Espírito desencarnante, da sua forma de vida e do seu tipo de morte.

Nos casos de suicídio, existe uma intensificação desse estado e um aumento de sua duração. Além disso, o Espírito passa a experimentar sofrimentos inenarráveis, consistindo basicamente de:

a) monoideísmo suicida – o Espírito suicida, com freqüência, passa a ver repetir-se o ato final, em sua tela mental, com repercussão inclusive do tipo *"sensorial"*[38]. Assim, por exemplo, os que aplicaram um balaço na cabeça vêem repetirem-se a cena e as impressões do impacto do projétil sobre o crânio ósseo; outros que se jogaram sob um trem revivem todo o drama do choque causado no corpo somático pelo veículo que lhe desestruturou etc.

Nos casos de suicídio após homicídio, há um agravamento desse estado de sofrimento, como descrevem os próprios protagonistas dessas tragédias, em comunicações mediúnicas.

b) Ligação ao corpo em decomposição – a desencarnação é um processo contínuo que se demora, mais ou menos, de acordo com os parâmetros apontados como responsáveis pelo estado de perturbação *post mortem*.

Assim sendo, é freqüente, em maior ou menor escala, aos Espíritos suicidas, a ligação com o corpo exterminado, inclusive acompanhando-lhe a decomposição e mesmo a ação da fauna cadavérica sobre ele. Isto se deve aos fortes vínculos fluídicos

---

[38] No caso, as sensações são mediadas pelo perispírito, em função da sua vivência dessas mesmas sensações na vida física.

que ainda prendem o suicida aos seus despojos, haja vista o seu desprezo pela vitalidade que ainda lhe restava, ofertada pelo Criador para o exercício da vida biológica.

"(...) A afinidade que persiste, em alguns indivíduos, entre a alma e o corpo é às vezes muito penosa porque o Espírito pode experimentar os horrores da decomposição"[39].

c) Sintonia com Entidades Sofredoras – os Espíritos suicidas descrevem muito comumente a sua circunscrição em regiões de intensos sofrimentos, na companhia de outros Espíritos suicidas, que se deblateram na dor e na revolta, deixando-se dominar, de tal sorte, por esta situação que nem mesmo uma prece é comum ouvir-se entre eles, exceto após um longo tempo, quando se lhe amainam as vibrações deletéreas pelas vivências dolorosas e pelo desfazerem-se das suas resistências e revoltas.

Como se não bastasse tamanho sofrimento, esses Espíritos ainda se encontram expostos à crueldade e perversidade de Espíritos descomprometidos com o Bem, que se aproveitam de sua incapacidade de defesa, seja por encontrarem-se sem ação pela dor e pela humilhação, seja pelos débitos que acumularam com o ato suicida nivelando-os, em sintonia, a estes últimos.

2. REPERCUSSÕES TARDIAS

No entanto, mesmo após a libertação do suicida desse primeiro estágio, e embora o amparo dos Espíritos amigos e

---

[39] KARDEC, Allan. – *"O Livro dos Espíritos"*. Trad. J. Herculano Pires, perg. 155. EME Editora: Capivari-SP.

obreiros do Bem, que o encaminham a hospitais do plano espiritual, ele ainda sofre as repercussões de seu ato de revolta perante a Lei Divina.

Assim, é possível reportarmo-nos a um conjunto de perturbações tardias:

a) Complexo de Culpa – muito embora tendo melhorado o estado monoideico do ato suicida, ele ainda persiste na forma de forte complexo de culpa, que, apesar de pulsar em menor escala, ainda traz à baila mental os fatos que determinaram a desastrosa desencarnação.

b) Repercussões em Nova Reencarnação – os distúrbios vibratórios perispirituais persistem e se transferem para o novo corpo, em sua gênese, por ocasião da reencarnação. Assim, na razão direta da culpa (responsabilidade) e das estruturas atingidas, podem-se formar órgãos ou sistemas orgânicos frágeis e potencialmente enfermiços, senão cronicamente doentes e até mesmo com estados funcionais alterados, mal formações congênitas ou predispostos a determinadas patologias como cânceres, diabetes, psicopatologias etc.

VI. PROFILAXIA

Diante de tanta desdita e da constatação da endemicidade (com picos mesmo de epidemicidade em algumas regiões), além do conhecimento das causas que determinam o autocídio – intrínsecas e extrínsecas ao suicida –, vê-se a importância de se realizar um trabalho que vise reduzir os índices desse mal em nossa sociedade.

O Espiritismo, pelas explicações que nos traz sobre o porquê da dor e do sofrimento no mundo, bem como pelas provas da imortalidade que fornece, representa um dos mais fortes antídotos à idéia suicida.

Enquanto o materialismo nada oferece, além do gozo fácil e fugidio das atividades materiais, sugerindo indiscutivelmente ao que sofre sem perspectivas do seu mal, como única saída, o suicídio; o Espiritismo, pela forte consolação que oferece ao paciente e pelas amplas perspectivas futuras que mostra aos que bem souberem resistir às intempéries do mundo, constitui-se em uma âncora ao que fraqueja, promovendo-o e fortalecendo-o pela fé raciocinada que proporciona.

"A calma e a resignação adquiridas na maneira de encarar a vida terrena e a fé no futuro dão ao Espírito uma serenidade que é o melhor preservativo da loucura e do suicídio"[40].

Diante do que vimos, podemos apontar como profiláticos eficazes ao suicídio:

a) A fé raciocinada.
b) O conhecimento sobre a vida e sobre a morte.
c) A firme disposição para encarar as dificuldades da vida.

Sejamos nós os grandes semeadores da mensagem espírita no mundo e, tenhamos a certeza, de estar colaborando para a extinção, dentre outros males do mundo, também do suicídio.

---

[40] KARDEC, Allan. – *"O Evangelho Segundo o Espiritismo"*. Trad. J. Herculano Pires, V:14. EME Editora: Capivari-SP.

21

SERENDIPIDADE
(Descobertas ao "Acaso")

Há quem se firme na crença do *"acaso"* para a explicação de acontecimentos em que há uma certa *"coincidência"*, como que uma causalidade *"incausada"*. Este, pelo menos, é o pensamento dos que somente conseguem perceber o sensorial, isto é, o que toca e se mostra nos limites dos sentidos físicos.

Em 1754, um cientista de nome Horace Walpole[41], ao descrever algumas das suas invenções para um seu colega, Horace Mann, criou o vocábulo *"serendipidade"*, para designá-las, por considerá-las como *"acidentais"*.

Segundo consta no livro do Prof. Royston M. Roberts, da Universidade do Texas, o termo é formado a partir da palavra "s*erendip"* (ou *"serendib"*), antigo nome do Ceilão (atual Sri Lanka) e o citado pesquisador o utilizou, após haver lido um conto de fadas intitulado *"Os Três Príncipes de Serendip"*, onde seus

---

[41] Apud ROBERTS, Royston M. – *"Descobertas Acidentais em Ciências"*. Trad. André Oliveira Mattos, 1993, Introdução, Papirus: Campinas.

protagonistas realizam repetidas descobertas *"por acidentes e sagacidade"*[42].

"Serendipity" é, portanto, um neologismo inglês, criado pelo Dr. Walpole para designar aquelas descobertas casuais, acidentais, como que predeterminadas pela sorte ou destino. É uma palavra ainda não dicionarizada na língua portuguesa.

A verdade é que são múltiplos os casos de serendipidade, ao ponto de Sir Derek H. R. Barton, da Universidade do Texas, afirmar que *"a maior parte das descobertas importantes na química orgânica foram feitas por acidente"*[43].

Também, são muitos os cientistas que afirmam e comprovam abertamente fatos dessa natureza. Alguns destes são muitíssimo conhecidos da população em geral, como o caso da descoberta da penicilina por Sir Alexander Flemming, em 1928. O que a maioria desconhece, porém, é que, no caso da descoberta do referido antibiótico, houve uma sucessão de serendipidades. Aliás, na vida desse laureado cientista podemos perceber indiscutíveis *"coincidências do destino"*.

De fato, além dos acontecimentos que o levaram a estudar Medicina, bem como a escolha da Escola onde se realizariam seus estudos e onde, no futuro, viria a desenvolver suas pesquisas – elementos que de *per se* já são o bastante para suscitar questionamentos sobre as razões excepcionais das coisas –, mais se pode analisar no que concerne à forma como se deram suas descobertas.

Em 1922, seis anos antes de descobrir a penicilina, Flemming trabalhava com uma cultura bacteriana em uma placa

---

[42] Idem, ibidem.
[43] ROBERTS, Royston M. Idem ob. cit., prefácio.

apropriada (placa de Petri) e, naquele dia, encontrava-se resfriado. Inadvertidamente, caiu-lhe uma lágrima sobre a placa em estudo. No dia seguinte, percebeu que se formava um halo, representando uma destruição das colônias bacterianas existentes, na região onde lhe caíra a secreção orgânica, levando-o, ao tentar identificar as causas para o fenômeno, à descoberta de uma substância contida na lágrima, de nome **lisozima**, que age sobre bactérias não patogênicas, destruindo-as, e, desse modo, participante das defesas orgânicas.

Em 1928, fato semelhante ocorreu. Só que agora a região onde acontecera a lise (destruição) das bactérias estava relacionada com a presença de um pouco de bolor que acidentalmente havia contaminado a placa de cultura bacteriana.

Confrontando os dois acontecimentos, Flemming voltou-se para o isolamento daquele mofo e descobriu que o mesmo era constituído por fungos do gênero *Penicillium* e, por isso, ele nominou a substância antibiótica ali produzida de *"penicilina"*.

Observe-se, portanto, que a lágrima e o bolor contaminaram *"casualmente"* o meio de cultura e a atenção do cientista foi mais despertada, ainda, pela repetição do fenômeno, embora com substâncias diferentes. O mais interessante é atentar para dois pontos inusitados: o primeiro é que, no comum, o pesquisador teria se livrado do material contaminado e até mesmo se entristecido pela contaminação em seu estudo; depois, existem inúmeros gêneros de fungos nos bolores, mas foi cair na placa exatamente o bolor contendo o gênero produtor do antibiótico. Vejamos os comentários do próprio Flemming, citado por Roberts[44]:

---

[44] Idem, pág. 201.

"Não fosse a experiência anterior (com a lisozima), eu teria jogado fora o material, como muitos bacteriologistas devem ter feito antes... É provável também que alguns bacteriologistas tenham percebido mudanças semelhantes àquelas notadas (por mim)... mas na ausência de qualquer interesse por substâncias bactericidas naturais, as culturas foram simplesmente descartadas... Em vez de jogar fora as culturas contaminadas com um discurso apropriado, eu iniciei as investigações".

E ainda:

*"(...) há milhares de fungos diferentes e há milhares de bactérias diferentes, e **a chance de colocar o bolor certo no lugar certo e na hora certa foi como vencer, acertar na loteria**"* (grifo meu).

É costume afirmar-se na seara espírita que o acaso não existe[45]. E isso porque, se bem pesquisarmos, haverá sempre uma causa lógica para qualquer evento. Além do que, a dificuldade para encontrar certos motivos provêm de se procurarem as explicações no estreito conjunto das causas físicas.

Com o Espiritismo, ampliamos os nossos horizontes para muito além do sensório e descobrimos que as causas se devem invariavelmente às respostas naturais, às nossas ações ou aos dispositivos racionais das leis divinas que nos impulsionam de maneira compulsória para a felicidade.

De outra forma, vamos compreender que, a despeito de

---

[45] *"(....) O que é o acaso? Nada!"* (KARDEC, Allan. *"O Livro dos Espíritos"*. Trad. J. Herculano Pires. Questão no. 08. Ed. EME.

haver completa independência do Espírito em relação ao corpo e vice-versa (como defendido por René Descartes), no sentido existencial de cada um, há uma interrelação, enquanto o Espírito experencia as injunções materiais e que, mesmo desencarnado, o Espírito relaciona-se com os outros Espíritos momentaneamente adstritos ao plano material[46].

Também compreendemos as razões ascensionais da vida somática para o Espírito e que individualidades já emancipadas da matéria, por amor à Humanidade e a Deus, contribuem de forma anônima para o progresso individual de cada criatura retardatária, assim como de toda a coletividade dos Espíritos encarnados.

Aos homens cabe, porém, o trabalho decisivo nas realizações materiais, a ação direta para a evolução planetária e os esforços no sentido de dominar as dificuldades naturais e promover a paz e o bem-estar para todos. Isso, no entanto, não impede aquela ação anônima dos Espíritos desencarnados, em auxílio aos seus irmãos da esfera mais densa, em todas as áreas e atividades humanas. Assim, pois, também, nas ciências.

Se bem que os Espíritos não venham entregar aos homens as revelações científicas que a eles cabem desvelar, participam incentivando-os, despertando-lhes a atenção, favorecendo as condições para a sua descoberta. Isso explica, de maneira lógica, as freqüentes descobertas *"acidentais"*, os *"acasos"* facilitadores, inexplicáveis sob uma visão puramente mecanicista.

Há, portanto, Espíritos encarregados de fomentar o progresso científico, incentivando e facilitando certas descobertas, quando sentem ser chegado o momento para a sua consecução,

---

[46] As **almas**, na terminologia espírita.

como podemos depreender dessa afirmativa do Espírito Arago[47]:

*"Quando um Espírito alcançou um grau bem avançado, Deus lhe confia uma missão e o encarrega de ocupar-se de tal ou qual ciência útil aos homens. (...) E quando estudou bastante, dirige-se a um homem capaz de apreender aquilo que, por sua vez, pode ensinar. De repente esse homem é obsidiado por um pensamento; só pensa nisso; disso fala a todo instante; sonha dia e noite com a coisa; ouve vozes celestes que lhe falam. Depois, quando tudo está bem desenvolvido em sua cabeça, esse homem anuncia ao mundo uma descoberta ou um aperfeiçoamento. **É assim que são inspirados os homens, em sua maioria**"* (grifos meus).

Observe-se que o cientista encarnado trabalhou, pensou, conjecturou, pesquisou. Foi secundado pelo Espírito que lhe *"soprou"* sugestões, proporcionou oportunidades. Assim é que, no comum, não se fazem descobertas sem trabalho. Mesmo os *"acasos"* requerem transpiração e envolvimento, como, no caso de Flemming, que mantinha o espírito sintonizado e à procura das *"substâncias bactericidas naturais"*.

Não se deve imaginar que sem esforço, se logre descobrir essa ou aquela lei científica, viabilizar essa ou aquela descoberta. Nem que os Espíritos se prestem ao papel de dispensar a participação do homem na revelação do conhecimento.

Aliás, desde os princípios das comunicações mediúnicas ostensivas, os Amigos do Além já nos alertam para o papel da

---

[47] KARDEC, Allan. – *"Revista Espírita"*. Trad Júlio Abreu Filho. 1860, pág. 256. EDICEL: Brasília.

mediunidade no mundo.

Vejamos as suas respostas a duas questões formuladas por Allan Kardec sobre o assunto:

"Os Espíritos podem dar orientação em pesquisas científicas e descobertas?

— *A ciência é obra do gênio, só deve ser adquirida pelo trabalho, porque é somente pelo trabalho que o homem avança no seu caminho*"[48].

"O sábio e o inventor, então, nunca são assistidos pelos Espíritos em suas pesquisas?

— *Oh, isso é diferente!* ***Quando chega o tempo de uma descoberta, os Espíritos incumbidos de lhe dirigir a marcha procuram o homem capaz de a levar a bom termo.*** *Inspiram-lhe as idéias necessárias, com o cuidado de lhe deixar todo o mérito, porque essas idéias ele terá de elaborar e pôr em execução.*"[49] (Grifo meu).

Diante disso, podemos afirmar que o Dr. Horace Walpole tem razão em associar ao *"acaso"* a sagacidade, assim como, também fazia Louis Pasteur, ao afirmar:

"*No campo da observação, o acaso favorece apenas à mente preparada*"[50].

---

[48] KARDEC, Allan. – *"O Livro dos Médiuns"*. Trad. J. Herculano Pires, perg. 294, item 28. EME Editora: Capivari-SP.
[49] Idem, perg. 294, item 29.
[50] Apud ROBERTS, Royston M. ob. cit.

A intervenção dos Espíritos, bem como a ação do próprio encarnado, como Espírito, em desdobramento onírico ou estados de abstração, nos chamados momentos de emancipação da alma, têm seu peso no progresso científico, favorecendo aos que trabalham e buscam insistentemente. Mas aquilo que parece obra do acaso é, via de regra, a discreta, mas decisiva, ação do mundo espiritual sobre o homem de gênio, pois assim como somos passíveis de ser influenciados – e decididamente o somos – por Espíritos imperfeitos, também nos influenciam os Espíritos mais evoluídos e compromissados com o Bem e com a Verdade.

Serendipidade é, portanto, no geral, termo usado para designar, nos meios científicos ortodoxos, a ação do mundo espiritual sobre nós encarnados e sobre o progresso da ciência, em função da ignorância e dos preconceitos ainda vigentes nos meios acadêmicos e intelectuais em nossos dias, vindo a comprovar a resposta dada à questão 459, de *"O Livro dos Espíritos":*

"Os Espíritos influem sobre os nossos pensamentos e as nossas ações?
— *Nesse sentido a sua influência é maior do que supondes, porque muito freqüentemente são eles que vos dirigem".*

22

SONHOS E *"INSIGHTS"*

"Aprendamos a sonhar, cavalheiros. Então, talvez encontremos a verdade. Mas tenhamos cuidado em não divulgar nossos sonhos até que tenham sido testados pelo entendimento lúcido."

(Benfley)

Insight é palavra inglesa utilizada para designar *"estalos de entendimento"*, percepções abruptas de uma problemática ou ideação adredemente trabalhadas. Como que de inopino, surge na mente a resposta que há tanto se buscava, muitas vezes, ansiosamente.

Não são poucas as oportunidades em que isso se dá e não é menor o número de pessoas a passar por semelhante experiência, nos mais variados campos da atividade humana, pertencentes às mais díspares crenças (ou descrenças!).

O fenômeno ocorre, no geral, em momento de relaxamento ou mesmo quando da realização de uma atividade física repetitiva e mecânica, como, por exemplo: fazer a barba, tomar banho; ou, ainda, em instantes de devaneios, ao se desligar o indivíduo, de certa forma, da ambiência, ficando alheio ao que se passa ao seu derredor, como sói ocorrer por ocasião da espera em um estacionamento de automóveis, no cabeleireiro etc.

Em ocasiões outras, chega-se mesmo a dormitar ou a idéia surge, qual relâmpago, pela manhã ao despertar, momento em que se faz nítida a recordação do sonho no qual se conseguia resolver a questão incógnita (ou alguém mostrava como resolvê-la). Quando não assim tão diretamente, ressuma forte intuição sobre ela.

Isso se dá pelo processo de **emancipação da alma**[51], seja pela dilatação da própria consciência obtida na condição de Espírito emancipado, seja pela influenciação direta ou indireta dos mentores e Espíritos familiares. Dormindo ou relaxando sensivelmente, o Espírito liberta-se parcialmente do corpo físico e, nesses instantes, retoma a sua condição de Espírito, trazendo algumas lembranças ou intuições ao voltar ao seu natural estado de vigília.

Além de freqüentes, há notícia de acontecimentos desta qualidade com cientistas famosos e personalidades as mais diversas.

Friedrich August Kekulé[52], notável químico alemão do século XIX, dentre outras contribuições à ciência, descobriu que o átomo de carbono é tetravalente (1858), ou seja, pode realizar quatro ligações químicas; como também a fórmula estrutural do benzeno (1865), descobertas que foram de grande valia para o florescimento da Química Orgânica, no final daquele século, e para o desenvolvimento da indústria de corantes sintéticos de seu país.

---

[51] KARDEC, Allan. — *"O Livro dos Espíritos"*. Livro II, cap. VIII. Trad. J. Herculano Pires. EME Editora: Capivari-SP.
[52] Apud ROBERTS, Royston M. — *"Descobertas Acidentais em Ciências"*, 1993, Papirus: São Paulo.

Esta última descoberta foi de tal importância que, passados 25 anos, a Prefeitura de Berlim resolveu comemorar o fato com uma festa, onde se fez presente o respeitado cientista.

Neste evento comemorativo, uma notícia causou grande impacto junto ao público presente. Kekulé afirmou, em seu discurso, que ambas as descobertas haviam chegado ao seu conhecimento através de **sonhos**.

O primeiro aconteceu, quando morava em Londres. Era, então, passageiro de um ônibus com destino à sua residência e adormeceu no percurso. Passemo-lhe a palavra:

"(...) os átomos estavam saltando diante de mim; (...) estavam sempre em movimento; (...) eu via como dois átomos menores uniam-se para formar um par; como um maior abraçava os outros dois menores; (...) vi como os maiores formavam uma cadeia arrastando os menores atrás de si. (...) O grito do motorista acordou-me do sonho; mas passei uma parte da noite colocando no papel pelo menos o esboço dessa forma do sonho. ***Essa foi a origem da 'teoria estrutural'. (...) Algo semelhante aconteceu com a teoria do benzeno (...)***" (Grifos meus).

Outro cientista que obteve resposta às suas questões em um sonho foi o fisiologista Otto Loewi[53] que, em 1921, descobriu haver a participação de substâncias químicas na transmissão do impulso nervoso as quais ficaram então conhecidas com o nome de neurotransmissores, informação que foi o aríete do progresso acelerado das neurociências.

---

[53] **Idem, ibidem.**

Pelo menos é o que contam os cientistas U. Weiss e R. A. Brown, no *"Journal of Chemical Education"*, de setembro de 1987 (o primeiro, então, marido da filha de Loewi). Eles afirmam que Loewi sonhou com a noção dos neurotransmissores, não uma vez, mas duas vezes. De fato, após acordar do primeiro sonho, tornou a dormir e também a sonhar, lembrando de ambos os sonhos na manhã seguinte.

Ainda, um outro pesquisador, Melvin Calvin[54], prêmio nobel de Química, em 1961, pela explicação da fotossíntese das plantas, conta como descobriu este "mistério":

"Um dia, eu estava esperando em meu carro, enquanto minha esposa se ocupava de certos afazeres, (...) quando ocorreu o reconhecimento do composto que estava faltando. Isso aconteceu assim — de repente — e, **subitamente, também em questão de segundos, a natureza cíclica da trajetória do carbono tornou-se clara para mim***, em questão de trinta segundos. Então,* **existe algo assim como a inspiração, mas é preciso estar preparado para ela.**" (Grifos meus).

Logo, percebemos que nestes casos – como em tantos outros documentados ou não –, o Espírito ultrapassa as fronteiras do corpo somático para valer-se de conhecimentos no mundo extra-sensório, inclusive para a consecução das tarefas a que se propôs antes do seu retorno ao mundo formal.

Necessário, porém, estar atento a essas inspirações, passando-as invariavelmente pelo crivo da razão e do bom senso,

---

[54] **Idem, ibidem**

antes de traduzi-las como verdades, pois nem sempre a sintonia se faz com Espíritos responsáveis e comprometidos com a disseminação do Bem, mas infelizmente, também, com outros que procuram dominar os que crêem piamente em tudo aquilo que lhes é apregoado, embora indiscutíveis absurdidades.

Por outro lado, é bom que se saiba: todos os cientistas aqui citados vinham desenvolvendo pesquisas em um trabalho perseverante, nos assuntos que lograram resolver através do estado de emancipação da alma, o que lhes facilitou a percepção e a recepção necessárias.

Há que se fazer por merecer, com a dedicação, o trabalho perseverante e o desejo de conhecer, para ser envolto pela indução magnética e pelo pensamento dos Espíritos responsáveis por velar pelo progresso das ciências e do conhecimento de modo geral nos quadrantes materiais.

23

MUDANÇAS DE SEXO

O homem é um ser sexual. Em toda e qualquer época de seu desenvolvimento, nele se manifestam o amor, os sentimentos, as emoções. Tudo isso é manifestado através da sexualidade.

Então, sexualidade é a via e a forma de externar os sentimentos.

Nós, em nosso estágio rudimentar de desenvolvimento anímico – especialmente do ponto de vista moral –, infelizmente ainda nos mantemos estacionados, em postura viciosa, no exercício da relação genital. Não que esta seja algo pecaminoso ou abominável, como costumam apregoar as religiões tradicionalistas. Não! Mas a verdade é que o seu uso indevido, ou melhor dizendo, os motivos de sua utilização, entre nós, costumam fundamentar-se no egoísmo, na busca desenfreada pelo prazer físico. Enfim há mais de sensualidade: a procura do prazer carnal sem a preocupação de ser ele o resultado de um sentimento mais dignificante entre o casal.

Com o livre-arbítrio, o ser humano, diferentemente dos animais, passou a utilizar os recursos genésicos de maneira responsável (do ponto de vista de sofrer-lhes a reação), porém irresponsável, se levarmos em conta o seu descompromisso com a moral e dissociada das suas funções maiores, quais sejam a permuta das energias sob os auspícios do amor, quer dizer, a materialização dos sentimentos e a perpetuação da espécie.

O Espírito não apresenta um sexo, pelo menos da maneira como compreendemos sexo. Esta é a resposta dos Espíritos Reveladores ao questionamento de Allan Kardec[55].

Na verdade, o Espírito apresenta os potenciais considerados masculinos e aqueles ditos femininos, que se vão desenvolvendo à medida em que ele vai experienciando a vida orgânica, ora em um corpo masculino, ora em um corpo feminino.

Ocorre muitas vezes, no entanto, de um Espírito se apegar demasiadamente a uma forma sexual, a uma polaridade, de tal sorte, a estacionar subjugado em monoideísmo. De outras vezes, na sua condição de homem ou mulher, quando da última reencarnação, o Espírito usando da sua condição sexual, desrespeitou o sexo oposto, desregrou-se na prática sexual e originou tanta dissonância que em reencarnação imediata, como resposta da Lei que a tudo viabiliza o reajuste, nasce ele exatamente com o sexo que vilipendiou e desprezou.

O homem **"machista"**, sem a menor consideração para com a companheira, que fez sofrer prevalecendo-se do seu poder e força, recebe uma indumentária feminina para aprender a respeitá-la.

A **"mulher fatal"**, destruidora de lares, que usou dos seus atrativos e beleza física, da sua aguçada intuição e do jeito delicado

---

[55] KARDEC, Allan. *"O Livro dos Espíritos"*. Trad. J. Herculano Pires. Questão de no. 200. EME Editora: Capivari-SP.

para destruir os que se lhe quedaram em paixão desenfreada, nasce agora em corpo masculino, com o mesmo propósito.

Em função disso, muito freqüentemente passa a apresentar um corpo em franca dissonância com o seu psiquismo, aparecendo na sociedade como um transexual.

Isto, no entanto, não se constitui em maior problema, pois, a despeito da dicotomia anatomopsíquica, poderá o Espírito vivenciar aquela reencarnação de maneira natural, comportando-se exatamente como se mostra morfologicamente e de acordo com a sua fisiologia, aprendendo a lição que a vida lhe proporciona e aproveitando para tentar desenvolver alguns potenciais mais facilmente trabalhados com aquele corpo.

Há, porém, os que se rebelam contra a situação e passam toda a reencarnação tentando reeditar a experiência pretérita. Estes, mantêm uma profunda aversão ao sexo que agora vivenciam do ponto de vista biológico, mantendo também uma luta íntima contra a sua condição atual, culminando com o **envolvimento genital** com pessoas do mesmo sexo. São a estes que se deve considerar como **homossexuais**.

Não se deve deduzir, a partir daí, que a causa do homossexualismo seja sempre aquela descrita acima, de vez que, rigorosamente, elas são múltiplas, de um modo geral decorrentes de uma rebeldia contra as leis naturais, à exceção de alguns processos obsessivos.

Casos existem de Espíritos que, em conseqüência de ações contra a integridade sexual (anatômica ou psíquica) de outrem ou sobre eles mesmos, apresentam, ao nascer, uma genitália ambígua: mostrando características vagas de ambos os sexos. Este grupo deve ser denominado de intersexual.

Então, podemos ter os três grupos com alguma disfunção,

seja física ou psíquica:

INTERSEXUAIS — mostram ambigüidade genital.

TRANSEXUAIS — apresentam uma dissociação anatomopsíquica com relação ao sexo, embora vivenciem a sua condição sexual natural.

HOMOSSEXUAIS — os que mantêm relações genitais com pessoas do mesmo sexo.

Entendamos, pois que não se é homossexual por conta da Lei Palingenésica, mas por opção pessoal, por livre-arbítrio. Pode-se nascer transexual ou intersexual, mas nunca homossexual. O que se pode trazer é tendência para a busca de tal ou tal indumentária sexual, mas esta distorção é do Espírito.

Logo, não se é homossexual porque Deus quer, mas por vontade própria. É óbvio que, para alguns companheiros, despreocupados com o processo anímico-evolutivo, mais voltados para o imediatismo do corpo e da vida física, os arrastamentos podem parecer irresistíveis, mas, a despeito da dificuldade que possam implicar, são perfeitamente refreáveis.

I. MUDANÇAS DE SEXO

Tenho visto muita gente, ainda muito apegada ao seu estereótipo sexual, comentando ter sempre reencarnado como homem ou como mulher e que os processos de mudança são muito difíceis de ocorrer. Não existe, porém, nada na Codificação Espírita que ampare tal pensamento. O que tudo indica é que, após o grande número de experiências na carne, certamente por nós vivenciadas na atual conjuntura evolutiva da vida no Planeta, já tivemos incursões tanto em uma área como na outra, quer dizer, já reencarnamos como homem e como mulher.

Pelo menos é o que nos sugere a resposta dada pelos Espíritos reveladores ao Codificador à sua questão[56]:

"Quando somos Espíritos, preferimos reencarnar num corpo de homem ou de mulher?"
"– Isso pouco importa ao Espírito; depende das provas que ele tiver de sofrer".

Vejamos, ainda os comentários de Kardec, a esta resposta:

"Os Espíritos encarnam-se homens ou mulheres, porque não têm sexo. Como devem progredir em tudo, cada sexo, como cada posição social oferece-lhes provas e deveres especiais e novas ocasiões de adquirir experiências. Aquele que fosse sempre homem, só saberia o que sabem os homens".

Portanto, as mudanças de sexo que ocorrem no processo natural nada apresentam de dificuldade e não se refletem de maneira importante no comportamento do Espírito, exceto quando este se rebela a esse processo natural.

II. DETERMINAÇÃO DO SEXO NO INTERSEXUAL

Para os casos em que encontramos a ambigüidade genital, está indicada a cirurgia de correção, sendo levados em conta o

---

[56] KARDEC, Allan. *"O Livro dos Espíritos"*. Trad. J. Herculano Pires. Questão de no. 202. EME Editora: Capivari-SP.

sexo genético e o sexo social do paciente. É imprescindível afirmar-se: quer opte pela genitália masculina ou feminina, o Espírito, nesta situação, amarga difícil expiação (ou prova) com grande limitação da função sexual.

III. HOMOSSEXUALISMO E MUDANÇA DE SEXO

Há uma proposta de legalização, no Brasil, da cirurgia de emasculação, já realizada em algumas partes do mundo.

Através dela, o homossexual masculino, tem retirada a sua genitália externa: pênis e testículos e a construção de uma pseudovagina.

É bem compreensível a diminuição da sensibilidade genital pós-cirúrgica, de vez que, no homem, grande parte dos diversos receptores encontram-se na glande que, como já se viu, é extraída.

Se analisarmos a questão, ocorre mutilação de um corpo saudável para a satisfação das tendências que o Espírito traz e se deixa arrastar por elas.

Obviamente, sem querer entrar no mérito individual de cada situação, sem adentrar nos julgamentos indevidos, mas analisando do ponto de vista global, em tese – como se diz –, esta cirurgia costuma causar distúrbio vibratório em área análoga do perispírito, com repercussões no mundo espiritual, após a desencarnação; mas também com repercussões dolorosas em um futuro corpo, em posterior reencarnação. Há inclusive a possibilidade de se candidatar ao problema do intersexualismo, o que não significa que todo intersexual tenha por origem de sua problemática a emasculação.

Vejamos a opinião do médium mineiro Francisco Cândido

Xavier[57], quando entrevistado pelo jornalista espírita Fernando Worm:

"O que diz o Mundo Espiritual acerca das cirurgias médicas para mudanças de sexo?"

*"– (...) Evidentemente, as cirurgias médicas para mudança de sexo se enquadram nos princípios do livre-arbítrio **com as respectivas derivações na lei de causa e efeito**"* (grifo meu).

---

[57] XAVIER, Francisco C. *"Lições de Sabedoria"*, pg. 69. Ed. Folha Espírita: São Paulo.

24
DISPOSITIVO INTRA-UTERINO (DIU) E ABORTO

A Lei de Reprodução é responsável pelo encadeamento dos mecanismos relacionados com a reencarnação. Assim é que todos conduzimos no íntimo uma instintividade anímica que nos desperta a atenção para a necessidade de nos tornarmos pais, assumindo compromissos, voluntários ou não, com outros companheiros de viagem pelas sendas da evolução.

Somando-se ao instinto próprio do Espírito encontramos o instinto somático que nos clama pelo exercício da fisiologia sexual, na forma de impulsividade, que mimoseia o Espírito com as sensações de prazer asseguradas pela estimulação de áreas específicas do cérebro[58].

Seres racionais como somos, já nos beneficia a Lei Divina

---

[58] Centros do prazer do cérebro.

com o livre-arbítrio para o exercício rumo à cidadania cósmica, ao mesmo tempo em que passamos a responder pelos nossos atos e condutas, através do gerenciamento da Lei de Ação e Reação, subsidiária da Lei do Progresso.

Isso significa que cabe-nos utilizar os instintos somáticos, cegos e pragmáticos, levando em conta o nosso bem-estar, mas mantendo preservados os direitos do nosso próximo, ou seja, sem atingi-lo, sem prejudicá-lo, sem torná-lo marionete dos nossos caprichos e carências.

No que respeita ao compromisso da paternidade e da maternidade, desde há muito pretende o homem impor a sua vontade no sentido de administrar o vórtice produtivo da Lei Biológica da Palingênese, o que, em outras palavras, significa administrar-lhe a seu próprio talante.

Foi a partir dessa consciência de poder, através do livre-arbítrio e do conhecimento anatômico e fisiológico, que o homem se insinuou na direção de controlar a fecundação. A essa metodologia usada para impedir a gravidez, a despeito do uso rotineiro da atividade sexual periférica (genitalidade), denomina-se **anticoncepção** e aos métodos empregados para este fim **anticoncepcionais**.

Dentre todo o arsenal anticoncepcional destaca-se, pelo uso em grande escala, em nossos dias[59], o Dispositivo **Intra-Uterino – DIU**.

I. DISPOSITIVO INTRA-UTERINO (DIU)

O DIU consiste em um artefato, que funciona primariamente

---

[59] Constitui o segundo método mais utilizado no mundo, inclusive com crescente utilização entre certos grupos populacionais no mundo.

como um corpo estranho, ao ser inserido na cavidade uterina.

Já os povos árabes nômades introduziam pedregulhos no útero das camelas, quando de suas longas travessias pelo deserto, visando evitar uma gravidez e o conseqüente atraso em suas viagens.

No início do século XX, passou-se a utilizar o método em mulheres, introduzindo anéis produzidos com intestino de carneiro.

Na segunda metade daquele século, iniciou-se a utilização de artefatos de polietileno e, em seguida, resolveu-se envolver o DIU com filamentos de cobre.[60]

Os primeiro tipos de DIU eram indiscutivelmente abortivos e já não são utilizados para evitar a gravidez, mas esses últimos (com alça de cobre ou hormônio) – costuma-se afirmar – *"não têm ação abortiva"*.

II. MECANISMOS DE AÇÃO DO DIU

1. CONCEPÇÃO

A título de revisão, lembremos que a concepção consiste na fertilização do óvulo pelo espermatozóide, fenômeno que se dá no interior da tuba uterina (trompa de Falópio).

Em seguida, o ovo ou zigoto passa a se multiplicar em várias células, formando a mórula, quando, então, se dá a sua migração para a cavidade uterina, onde se implanta no endométrio[61] para o

---

[60] Mais recentemente, foi criado um DIU liberador de hormônio (20 mg de levonorgestrel a cada 24 horas, com durabilidade de cinco anos), até este momento ainda não disponível no Brasil.
[61] Camada interna do útero, que, a cada ciclo feminino, é preparada pela ação dos hormônios, para permitir a implantação do embrião.

desenvolvimento da gestação.

2. MECANISMO DOS "DIUs" DE POLIETILENO

Como já mencionamos anteriormente, a ação primária do DIU na cavidade uterina é a de um corpo estranho.

Sendo assim, ele provoca um quadro inflamatório no endométrio e a sua presença determina uma contratilidade uterina, na tentativa de expulsá-lo. Isso dificulta sobremaneira a implantação do embrião no endométrio, ocorrendo então um abortamento ou como querem alguns um micro-abortamento.

Micro-abortamento ou seja que nome for, o fato é que ocorre expulsão do concepto, dificulta-se a sua permanência e implantação uterinas.

3. MECANISMO DOS DIUs COM ALÇA DE COBRE

Ao ser inserido no útero, este tipo de DIU passa a liberar os sais de cobre que, dotados de ação espermaticida, destroem os espermatozóides. Assim sendo, esse DIU age notadamente impedindo o encontro do óvulo localizado na tuba uterina pelo espermatozóide e, conseqüentemente, não teria ação abortiva.

III. EVENTUAL AÇÃO ABORTIVA DO DIU DE COBRE

Como anticoncepcional, os DIUs apresentam significativas vantagens, como:

a) Alta eficácia.
b) Não interferência com o metabolismo.
c) Possibilidade de uso por mulheres diabéticas, hipertensas,

fumantes etc.
d) Não interferência no peso corporal.
e) Não limita a atividade sexual.
f) Sem ação sobre a libido.
g) Durabilidade variável de cinco a dez anos.
h) Usual reversibilidade.

Mas entre as desvantagens, destaca-se uma **eventual gravidez**, quando então se fará indicada a retirada do artefato.

A positividade[62] do método é bastante alta, semelhante àquela obtida com o uso dos anticoncepcionais orais (pílulas anticoncepcionais).

Pois é exatamente sobre este ponto que convido os leitores a uma maior reflexão, especialmente enquanto profissionais de saúde e pacientes espiritualistas e cristãos[63].

Se há a possibilidade de gestação com o uso do artefato intra-uterino, é porque nem sempre a ação espermaticida é completa. Em outras palavras, há momentos em que ocorre falha na destruição satisfatória da população de espermatozóides ejaculada. A esse despeito, mantém-se intacta aquela ação primária mecânica (inflamatória e contrátil), haja vista comportar-se o DIU como um corpo estranho inserido na cavidade uterina!

Ora, se existir um percentual de 0,5%[64] que seja de casos de gravidez (falha do método) e a ação abortiva existe, pode-se facilmente chegar à conclusão teórica da palpável probabilidade

---

[62] Esta positividade refere-se aos resultados anticoncepcionais positivos.
[63] Especialmente da parte dos espíritas!
[64] Taxa de gravidez de 0,5 a 1% das mulheres com DIU de cobre, no primeiro ano.

de aborto, considerando-se como tal a impossibilidade do concepto vir a implantar-se no endométrio.

Ora, se ocorre gravidez naquele percentual e se o método mecânico já se mostrava com considerável positividade, então deve haver um percentual bem maior de casos em que a implantação do embrião no endométrio foi impedida por aquele mecanismo primário e, conseqüentemente, evoluíram para o aborto (ou micro-aborto, como queiram!), via de regra imperceptível para a mulher.

* * *

Certa vez, em um Congresso Espírita em Fortaleza, dois colegas ginecologistas espíritas defendiam fervorosamente o uso do DIU como prática **não abortiva**.

Em diálogo particular com um deles acerca daquela ação abortiva já citada, houve a negativa sumária do colega que, embora não pudesse negar a probabilidade teórica, negava veemente, referindo-se a uma certa pesquisa isolada em que se fizera um estudo do mênstruo de determinado número de mulheres em uso do artefato intra-uterino, durante um certo tempo, e não se chegou a encontrar material abortado.

Mas, ainda que aceitemos a pesquisa apontada pelo colega isenta de manipulação, ainda que se tenha a certeza de sua seriedade, é temeroso aceitá-la como um **consenso** e uma **verdade científica**, pela sua condição de **pesquisa isolada**.

Tenho consciência de que certamente serei motivo de várias críticas, inclusive a partir de colegas médicos espíritas que, até por sua condição de profissionais e especialistas, indicam e posicionam DIUs em suas pacientes.

Entretanto, o bom senso norteia-nos os passos de forma segura: na dúvida, qualquer que seja a possibilidade de se tornar abortivo determinado procedimento, parece-me deva o profissional médico espírita abster-se de sua indicação e aplicação ou, no mínimo, informar sua paciente de tal risco, a bem da verdade.

IV. CONCLUSÃO

Os DIUs de polietileno apresentam alta positividade como método anticoncepcional, mas há a possibilidade de gravidez de 05 a 1%, no seu primeiro ano de uso.

Isso nos leva a conjecturar que, quando falha a ação espermaticida dos sais de cobre liberados pelos DIUs por eles recobertos, aquela ação mecânica básica se mantém e, se há possibilidade palpável de gravidez, é porque há eventual ação abortiva com o uso desse método.

Em minha opinião – mas uma opinião basificada na razão, na lógica e no bom senso, e até que se prove o contrário –, não se dispõe de provas conclusivas, nem mesmo de evidências científicas para negar-se de forma absoluta, categórica e segura a sua possibilidade abortiva.

Reconheço que a sua ação preferencial e usual é não abortiva, mas mantém-se a ação mecânica (abortiva), embora inoperante ante a preferencial, que, no entanto, se torna dominante nos casos de falha da ação espermaticida.

Concluo, então, que **o DIU de cobre**, embora não seja preferencialmente abortivo, como o seu predecessor, **é potencialmente abortivo** e, por isso mesmo, deve o seu uso ser evitado e as pacientes informadas dessa realidade para que possam assumir também a responsabilidade do ato que, no caso contrário, recairá unicamente, ante as Leis Divinas – às quais não se pode burlar –, sobre o profissional adotante da omissão.

As Leis Divinas estão inscritas em nossa consciência! Busquemos a sua luz em nossas decisões!

25

PLANEJAMENTO FAMILIAR

O uso dos métodos anticoncepcionais é bastante difundido nesses nossos tempos, em que a vida sexual é intensa, seja entre os casais constituídos, seja sob a forma de relações fortuitas, comportamento denominado pelos jovens de "ficar", mas que não se restringe unicamente à juventude.

Em *"O Livro dos Espíritos"*[65], os Espíritos Reveladores respondem ao questionamento de Allan Kardec, acerca de se criarem obstáculos à reprodução, afirmando que *"tudo o que entrava a marcha da Natureza é contrário à Lei geral."*[66]

Baseado nessa resposta, alguns militantes da seara espírita interpretam como, no mínimo, desaconselhável a utilização de qualquer um dos métodos anticoncepcionais.

---

[65] Livro Terceiro, cap. III, item III.
[66] KARDEC, Allan. *"O Livro dos Espíritos"*. Trad. J. Herculano Pires. Livro Terceiro, questão 693. EME Editora. Capivari-SP.

Entretanto, parece-me ser esta o resultado de uma análise superficial e de uma interpretação circunscrita unicamente a uma resposta, pois, é bastante dar seqüência ao estudo do capítulo em pauta, para compreender-se melhor a visão espírita sobre o assunto.

Veremos, em assim procedendo, que os Espíritos, ante a ponderação do Codificador de que um descontrole sobre a reprodução em geral, resultaria em um excessivo e incontrolável aumento populacional de diversas espécies, pondo em risco a própria sobrevivência da espécie humana, acrescentam:

"A ação inteligente do homem é um contrapeso posto por Deus entre as forças da Natureza para restabelecer-lhes o equilíbrio."[67]

Logo, fica clara a legitimidade da ação do homem sobre as leis naturais, pela utilização de seu livre-arbítrio, da razão e do bom senso, assumindo assim a responsabilidade de suas decisões. Dessa maneira, o Espírito encarnado tem a oportunidade de desenvolver os seus potenciais anímicos pelo exercício da inteligência e da moral, enquanto contribui diretamente para o progresso da obra da criação.

Sem dúvida, é bastante promover-se uma análise da forma das relações, da condução da família, das responsabilidades inerentes aos pais, das expectativas de vida em nosso tempo e das necessidades do ser reencarnante no atual contexto sócio-econômico-cultural, para chegar-se a uma maior compreensão da problemática.

---

[67] KARDEC, Allan. *"O Livro dos Espíritos"*. Trad. J. Herculano Pires. Livro Terceiro, questão 693-A.

Enquanto que, há alguns séculos atrás, bastava pôr um filho no mundo e dar-lhe algumas noções de moralidade e as condições nutricionais básicas (contando inclusive com a mão de obra oferecida por esses filhos para a obtenção dos recursos com o seu próprio trabalho); modernamente, as responsabilidades e necessidades se amplificaram, impondo-se aos pais estratégias e ações para a manutenção da saúde dos seus rebentos (despesas médicas, hospitalares, com medicamentos etc.) e para a educação (maior gama de conhecimentos necessários ao Espírito encarnado), em um tempo mais dilatado.

No passado, pela menor complexidade da vida e dos anseios anímicos evolutivos, em geral, as relações intra-familiares caracterizavam-se pela quantidade, em oposição ao que se dá hoje quando prevalece a qualidade.

A dependência dos filhos em relação aos pais tornou-se mais prolongada e profunda, no que respeita aos cuidados e acompanhamento.

Isso analisado, concluímos que o investimento dos pais para uma satisfatória preparação dos seus filhos para a vida é substancialmente maior na atualidade do que o foi no passado.

Afora isso, a mudança no perfil da família – passando a se constituir basicamente pelos pais e seus filhos[68] –, exigüidade de espaço físico e os riscos aumentados nas relações sociais, tudo isso se associa aos fatores já descritos para uma redução do número de componentes do conjunto familiar.

As famílias hoje estão reduzidas a, no máximo, três filhos,

---

[68] Família nuclear em substituição à família extensa (Ver meu livro "Existe Vida... Depois do Casamento?", Editora EME).

em grande contraste com mais de uma dezena daquelas mais antigas.

Esse estado de coisas é perfeitamente compreensível, muito embora se deva estar atento para não resvalar-se para o extremismo egóico de fechar as portas aos companheiros de erraticidade com os quais se assumiu o compromisso de recepção no lar, na condição de filhos, através dos abençoados portais da reencarnação!

A essa racionalização do grupo familiar, à sua adequação, às condições e peculiaridades contemporâneas, é que se deve denominar "planejamento familiar"[69].

Sendo a atividade sexual uma necessidade evolutiva e orgânica de todos os que nos encontramos nesta faixa existencial da vida e havendo um incremento das responsabilidades e do investimento na preparação dos filhos para a existência corporal, o que limita de alguma forma o tamanho da família nuclear, procura-se obviamente equilibrar essas necessidades aparentemente opostas – racionalizar o grupo familiar e manter atividade sexual ativa –, através da utilização dos recursos teóricos e técnicos da anticoncepção.

O bom senso faz-nos concluir que não se constitui agressão à Lei Natural o fato de se restringir a família nuclear, desde que as decisões não se determinem a partir de atitudes egoístas. Aliás, os Espíritos que se permitem participar do seu planejamento

---

[69] Não confundir com "controle da natalidade", que é a interferência do Estado estabelecendo o tamanho da família, em indiscutível cerceamento do direito decisório do cidadão. Pelo planejamento familiar, o casal, no usufruto de seu livre-arbítrio, delibera conscientemente sobre o que deseja para a sua vida e sempre acertará (ou se aproximará do ideal), caso se deixe aconselhar pela "consciência" (Ver questão 629 de "O Livro dos Espíritos").

reencarnatório, decerto que têm consciência do perfil biopsicossocial do mundo contemporâneo e, por isso, também se adequam a essa realidade, reduzindo os componentes do grupo familiar.

Isso significa que a anticoncepção não é, por si só, uma atitude irresponsável e contrária à Lei Divina, mas os seus objetivos é que podem torná-la indesejável, do ponto de vista espiritual.

O Espiritismo, então, não desaconselha, em tese, o uso dos métodos anticoncepcionais, deixando a cada um a responsabilidade de agir sobre o meio, amparado pela Lei Divina que lhe assegura o direito de tomar decisões para a promoção do equilíbrio íntimo, familiar e social. É inerente, portanto, ao estágio alcançado pelo Espírito viajor do progresso, em nosso planeta.

Há naturalmente o que se discutir sobre quais métodos anticoncepcionais seriam mais compatíveis com aquela Lei, mais viáveis de serem utilizados, pois alguns dos seus mecanismos podem vir a ser eticamente inaceitáveis e o serão sempre que agridam a dignidade e o direito à vida constituída biológica e ontologicamente.

Já tive oportunidade de referir-me à indiscutível realidade ontológica do zigoto e, conseqüentemente de seus sucedâneos embrionários, no meu livro *"Eutanásia (Enfoque Espírita)"*[70], na forma como se segue:

"É sabido que no momento da fecundação, ocorre a fusão

---

[70] CAJAZEIRAS, Francisco. – *"Eutanásia – Enfoque Espírita"*. Cap. 4, pg. 34. Ed. EME: Capivari-SP.

dos gametas masculino e feminino, cada qual participando com a quota de 23 cromossomas para a constituição do ovo ou zigoto. A partir desse evento está formado um ser com 46 cromossomas (característica da espécie humana) e, o mais importante, com peculiaridades genéticas que somente ele possui em seu todo. Ninguém com exatamente a mesma carga genética! Há indubitavelmente uma individualização do ser e, de que ali está um ser humano, não há como duvidar ou ocultar."

Ora, essa célula-ovo possui a potencialidade de originar todo o organismo. É o indivíduo com todas as suas possibilidades de crescimento. Além disso, informam-nos os Espíritos Imortais[71], que o Espírito, realidade individual do novo ser, liga-se ao material orgânico exatamente no momento em que se dá a concepção, ou seja, quando da fusão do espermatozóide com o óvulo.

MÉTODOS ANTICONCEPCIONAIS

Os métodos anticoncepcionais podem ser divididos nos seguintes grupos:

1. Métodos Naturais

São aqueles em que, a partir do conhecimento da fisiologia da reprodução, as relações são dirigidas aos períodos não férteis ou em que se evita o progredir do ato sexual até o seu epílogo natural. Não necessitam de aparelhos, artefatos nem substâncias para se efetivarem.

---

[71] KARDEC, Allan. – *"O Livro dos Espíritos"*. Trad. J. Herculano Pires. Livro Segundo, cap. VIII, questão 344. Ed. EME: Capivari-SP.

Desde que não são abortivos são eticamente aceitáveis.

São eles:

a) **Coito interrompido** – evita-se a ejaculação na cavidade vaginal, pela retirada do pênis no momento do orgasmo. Pode levar a transtornos emocionais, especialmente para a mulher.

b) **Tabela** – consiste em se calcular, pela observação dos ciclos anteriores, o período fértil da mulher. A partir desse conhecimento, evitar-se-á manter atividade sexual genital nesse lapso de tempo. Seus resultados dependem da regularidade do ciclo feminino e seus resultados são apenas regulares.

c) **Muco cervical** – pesquisam-se as modificações fisiológicas dessa secreção natural, ocorridas no ciclo, interrompendo-se as relações sexuais por três dias a partir do pico de sua produção.

2. Métodos de barreira e espermaticidas

São utilizados objetos e substâncias com ação exclusivamente locais, objetivando-se impedir a progressão dos espermatozóides até as tubas uterinas, seja pela sua contenção, seja pela sua destruição. Também não são passíveis de indução abortiva.

São eles:

a) **Camisinhas** – muito utilizadas na prevenção das Doenças Sexualmente Transmissíveis (DST), são de baixo custo e de uso relativamente fácil. O método, no entanto, possui alta taxa de falha (10 a 30%, no primeiro ano de uso).

b) **Diafragma** – dispositivo de borracha colocado profundamente na vagina e recobrindo o colo do útero, impedindo assim a passagem do esperma. Apresenta dificuldades operacionais.

c) **Espermaticidas** – substâncias químicas aplicadas na vagina que inativam ou exterminam os espermatozóides.

3. Anticonceptivos Hormonais

São os hormônios sexuais femininos que, administrados (na forma oral, injetável ou vaginal), promovem ciclos anovulatórios e, por conseguinte, não apresenta ação abortiva.

4. Dispositivos Intra Uterinos[72]

São artefatos instalados na cavidade uterina, envoltos por cobre, cuja principal ação é espermaticida, mas que se apresentam com marcada potencialidade abortiva e, por isso, são ética e espiritualmente indesejáveis.

5. Esterilização cirúrgica

Consiste em se modificar a anatomia do trajeto do óvulo e dos espermatozóides, através de ação cirúrgica.

No homem, promove-se uma incisão e amarradura dos condutos deferentes, canais por onde transitam os espermatozóides, impedindo sua passagem. É a denominada **vasectomia**.

Na mulher, incisam-se e amarram-se as trompas uterinas, local onde se dá a fertilização do óvulo pelo espermatozóide, impedindo-se o contato deste com aquele. É a conhecida **ligadura tubária**.

Freqüentemente, sou indagado sobre as repercussões desses procedimentos cirúrgicos no Espírito e sobre as suas possíveis

---

[72] Ver cap. 24.

alterações do ponto de vista espiritual.

Sabemos, a partir das informações e dos depoimentos dos Espíritos desencarnados, como também do resultado das pesquisas científicas sobre reencarnações[73], que as nossas atitudes sobre a organização física costumam repercutir sobre o perispírito. Entretanto, a relevância dessas repercussões está relacionada basicamente à magnitude do prejuízo anatômico e/ou funcional, assim como à intenção, aos objetivos e ao discernimento do agente.

Desse modo, as pessoas que foram submetidas a vasectomias e a ligaduras tubárias, por indicação médica (como no caso de mulheres submetidas à terceira Operação Cesariana, quando uma quarta passaria a ter seu risco aumentado) ou por opção que tem por base um objetivo nobre (como, por exemplo, no caso do marido que se submete à intervenção cirúrgica por amor à espoas incapacitada de se utilizar de métodos anticoncepcionais mais eficientes e sem condições de engravidar por um motivo justo) não apresentarão significativas modificações perispirituais.

Ao contrário, as pessoas que se submetem à cirurgia esterilizante para ficarem isentas do ônus da gravidez e livres para o uso indiscriminado e sensual da sexualidade periférica apresentarão mais e mais distúrbios perispirituais, na proporção direta dos objetivos promotores e da sua capacidade de entendimento da Lei.

Muitos desses Espíritos semeiam problemas anatômicos e/ou funcionais para os futuros corpos, a serem utilizados em outras

---

[73] STEVENS STEVENSON, Ian. – *"Where Reincarnation and Biology Intersect"*. 1999. Praeger Publishers: Westport, Connecticut-London.

experiências reencarnatórias, pois sendo o perispírito o modelo organizador biológico[74], gerente da formação dessas organizações somáticas, e estando ele alterado em sua estruturação vibratória, o produto de sua ação terá essa sua marca.

É, pois, direito de cada um utilizar-se do conhecimento científico e dos recursos que a tecnologia disponibiliza e favorece. No entanto, deve agir sem egoísmo, levando em conta não apenas seu lado humano, mas também o espiritual; não exclusivamente seus interesses, mas os do grupo a que se liga, no mundo visível como no invisível!

---

[74] MOB – termo criado pelo engenheiro e espírita brasileiro Hernâni Guimarães Andrade, para ressaltar a importante função do perispírito de administrar automaticamente a organização do novo corpo a ser tomado pelo Espírito, a partir do material genético oferecido pelos seus pais

GLOSSÁRIO TÉCNICO

ANALGÉSICO – o que pára a dor; medicação contra a dor.
ANATOMOFISIOLÓGICO – relativo à estrutura orgânica e à sua função.
ANATOMOPSÍQUICO – relativo ao corpo e à mente.
BIOQUÍMICA – ciência que trata das reações e processos químicos que ocorrem nos organismos vivos.
BIOTECNOLOGIA – conjunto das técnicas utilizadas pelas Ciências da Vida (Biologia, Bioquímica, Medicina etc.)
COGNITIVO – relativo à cognição ou ao conhecimento.
CONCEPTO – o que foi concebido; o ovo ou zigoto; o pré-embrião; o embrião.
DESCRIMINAÇÃO – excluir a criminalidade de uma ação ou fato.
ENDEMIA – enfermidade que tem prevalência em uma determinada região; doença que se mantém presente com um percentual de casos em uma localidade.
ENDEMICIDADE – qualidade ou caráter de endêmico.
EPIDEMIA – incidência de um grande número de casos de certa patologia, em curto espaço de tempo; aumento

considerável do número de casos esperados de uma enfermidade em um espaço de tempo.

EPIDEMICIDADE – qualidade ou caráter de epidêmico.

ETIOLOGIA – estudo ou tratado sobre a origem das coisas.

EXÉRESE – ablação cirúrgica; retirada cirúrgica de uma parte do corpo.

FARMACOTERAPIA – tratamento com medicamentos.

FLUIDOTERAPIA – tratamento através dos fluidos (passe, água magnetizada etc.).

HANSENÍASE – doença causada pelo Bacilo de Hansen, caracterizada pela presença de alterações da sensibilidade cutânea, manchas e nódulos na pele, além de lesões mais profundas. Antes designada como Lepra, mudou de nomenclatura em função do forte preconceito que esta terminologia traz embutido.

HÍGIDO – sadio, são; que diz respeito à saúde.

INCIDÊNCIA – número de casos de uma patologia que apareceram em um período fixado (por exemplo, x casos em um ano) ou em um grupo populacional (por exemplo: 1% da população geral sofre de esquizofrenia).

INDIFERENCIADA – (Citologia) célula não especializada.

LIBIDINOSO – sensual, relativo ao prazer sexual.

NEUROQUÍMICA – reações e substâncias químicas relacionadas com a função do Sistema Nervoso.

NEUROTRANSMISSORES – conjunto de substâncias químicas que atuam nas sinapses nervosas como intermediárias na transmissão dos impulsos nervosos.

OBSTETRA – especialista no acompanhamento de gestantes e no trabalho de parto.

ONCOLOGISTA – especialista em oncologia;

cancerologista.

ONTOLÓGICO – relativo ao ser.

PALINGENESIA – o mesmo que reencarnação.

PATOLOGIA – tratado ou estudo das doenças; pode ser usado como sinônimo de enfermidade.

PÓS-CIRÚRGICO – período posterior ao ato operatório.

PRAGMÁTICO – referente à pragmática; usual; prático.

PREVALÊNCIA – número de casos de uma enfermidade que se mantém em um determinado período de tempo.

PROGNÓSTICO – juízo médico, baseado no diagnóstico e conhecimento médico sobre a evolução, o comportamento e o tempo de duração de uma patologia.

RECEPTORES – terminações nervosas sensitivas.

SINAPSES – estruturas que relacionam um neurônio com outros neurônios ou com outras células (musculares, glandulares).

SOFISMA – argumento aparentemente válido, mas, na realidade, inconclusivo, e que supõe má fé da parte de quem o apresenta. Argumentação partindo de premissas verdadeiras (ou tidas como tal), mas que chegam a conclusões inadmissíveis.

TOLERÂNCIA – (Farmacologia) mecanismo de adaptação do organismo vivo, através do qual ocorre diminuição da ação de uma substância química sobre este mesmo organismo, após o seu uso continuado.

TOTIPOTENTE – (Citologia) células primitivas, capazes de, através de mitoses sucessivas, originar células especializadas, como células ósseas, células musculares, células nervosas etc. O zigoto e as células dos folhetos embrionários encontram-se nesse estado.

ZIGOTO – a célula resultante do acasalamento entre os gametas masculino e feminino; o mesmo que ovo.

BIBLIOGRAFIA

1. CAJAZEIRAS, Francisco. – *"Curso Básico de Espiritismo"*. Ed. EME: Capivari-SP.
2. CAJAZEIRAS, Francisco – *"Eutanásia à Luz do Espiritismo"*. Ed. EME: Capivari-SP.
3. CONSELHO FEDERAL DE MEDICINA. – *"Desafios Éticos"*: Brasília-DF.
4. EADS, Brian. – *"Licença Para Matar"*. Seleções (Reader's Digest). 55° ano, novembro/1997.
5. FERREIRA, Inácio. – *"Novos Rumos Para a Medicina"*. Vol. 1 e 2. Edições FEESP: São Paulo-SP.
6. GARRAFA, Volnei. – *"O Corpo Humano no Balcão"*. Entrevista na Revista "Caros Amigos", setembro/1997.
7. KARDEC, Allan. – *"O Evangelho Segundo o Espiritismo"*. Trad. José Herculano Pires. EME Editora: Capivari-SP.
8. KARDEC, Allan. – *"O Que é o Espiritismo"*. Trad. Salvador Gentile. IDE: Araras-SP.
9. KARDEC, Allan. – *"Revista Espírita"*. Trad Júlio Abreu Filho. 1860, pág. 256. EDICEL: Sobradinho-DF.

10. KARDEC, Allan. –*"O Livro dos Espíritos"*. Trad. José Herculano Pires. EME Editora: Capivari-SP.

11. KARDEC, Allan. –*"O Livro dos Médiuns"*. Trad. José Herculano Pires. EME Editora: Capivari-SP.

12. OLIVEIRA, Sérgio F. – *"Repercussões Perispirituais em Transplantes de Órgãos"* – Boletim Médico-Espírita, n° 9, AME-SP: São Paulo.

13. PESSINI, Leocir & BARCHIFONTAINE, C. de Paul de. – *"Problemas Atuais de Bioética"*. Edições Loyola: São Paulo-SP.

14. PIRES, J. Herculano. – *"O Espírito e o Tempo"*. EDICEL: Sobradinho-DF.

15. RHINE, Joseph B. – *"O Alcance do Espírito"*. Trad. E. Jacy Monteiro. Bestseller: São Paulo-SP.

16. ROBERTS, Royston M. – *"Descobertas Acidentais em Ciências"*, 1993, Papirus. São Paulo-SP.

17. STEVENSON, Ian. – *"Where Reincarnation and Biology Intersect"*. 1999. Praeger Publishers: Westport, Comnecticut-London.

18. VARGAS, Heber Soares. – *"Repercussões do Álcool e do Alcoolismo"*, 1983, Byk-Procienx. São Paulo.

19. XAVIER, Francisco C. – *"Lições de Sabedoria"*. Ed. Folha Espírita. São Paulo-SP.

20. XAVIER, Francisco C./Psicografia do Esp. André Luiz. – *"Nosso Lar"*. FEB. Brasília-DF.

DO MESMO AUTOR

Existe vida... depois do Casamento
Casamento, família e sexualidade • 216 p. •14x21cm

Trata-se de uma obra com temas atuais e palpitantes, para os quais Cajazeiras traz as suas reflexões de médico, espírita e cidadão, neste início de milênio tão conturbado e tão carente de orientação espiritual. Fica claro que, num mundo, em que os conflitos se agigantam e a perplexidade moral gera intensa angústia existencial, o Espiritismo é a chave para a compreensão dos problemas que nos afligem e para a solução dos enigmas que nos torturam.

Depressão, doença da alma – As causas espirituais da depressão
Francisco Cajazeiras – 14x21 cm – 208 p.

Quatrocentos milhões de pessoas no mundo sofrem de depressão, apontam as estatísticas. O que é a depressão? Como diagnosticar o mal? Quais as perspectivas futuras? Quais as possibilidades terapêuticas? É possível preveni-la?

Neste livro, o médico Francisco Cajazeiras procura responder a essas perguntas e esclarecer dúvidas sobre a doença, mergulhando nas suas causas mais profundas – as espirituais –, sem misticismo e sem apelar para o sobrenatural, senão para a lógica e o raciocínio.

Conselhos de Saúde Espiritual
Estudos doutrinários • 14x21 cm – 160 p.

Estes CONSELHOS DE SAÚDE ESPIRITUAL, oferecidos pelos bons Espíritos através da psicografia do médico cearense Francisco Cajazeiras, funcionam como verdadeira profilaxia da alma. É medicação para todas as horas, drágeas de equilíbrio e imunidade contra o desânimo, o estresse e a depressão

Do mesmo autor

Conselhos mediúnicos
Mensagens mediúnicas • 14 x 21cm • 144 p.

As pequenas advertências feitas pelos Espíritos através da mediunidade têm a propriedade de fazer-nos refletir. Todos podemos ser beneficiados por elas; podem fazer muita diferença na nossa maneira de ver a vida, tornando-nos predispostos à mudança na conduta.

Evolução da ideia sobre Deus
Estudo sobre Deus • 14 x 21cm • 128 p.

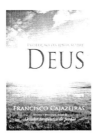

Temas abordados neste livro interessante, do ponto de vista da conceituação da ideia de DEUS, doutrinariamente correto e bastante didático, facilitando o entendimento do leitor e fornecendo subsídios importantes, à luz de fontes antropológicas, filosóficas, sociológicas e científico-materialistas.

Eutanásia

Enfoque espírita sobre a morte sem dor

• 14 x 21cm • 104 p.
O que mais impressiona neste livro é a capacidade de síntese em expor a problemática da eutanásia, seus aspectos históricos, seus conceitos e classificação, incluindo neste estudo temas atualíssimos como as malformações fetais, o drama dos doentes terminais, o conceito de morte, a evolução da expectativa de vida, etc.

OS MAIS VENDIDOS

Getúlio Vargas em dois mundos
Wanda A. Canutti (Espírito Eça de Queirós)
Biografia romanceada vivida em dois mundos
•300 p. - 14x21 cm

Getúlio Vargas realmente suicidou-se? Como foi sua recepção no mundo espiritual? Qual o conteúdo da nova carta à nação, escrita após seu desencarne? Saiba as respostas para estas e outras perguntas, agora em uma nova edição, com nova capa, novo formato e novo projeto gráfico.

O Evangelho segundo o Espiritismo
Allan Kardec – Tradução Matheus Rodrigues de Camargo, revisão de Celso Martins e Hilda Fontoura Nami • 288 p. – 15,5 x 21,5 cm

Espíritas!, amai-vos, eis o primeiro ensinamento. Instruí-vos, eis o segundo. Todas as verdades são encontradas no Cristianismo; os erros que nele criaram raízes são de origem humana. E eis que, além-túmulo, em que acreditáveis o nada, vozes vêm clamar-vos: Irmãos! Nada perece. Jesus Cristo é o vencedor do mal; sede os vencedores da impiedade!
O Espírito de Verdade – "O Evangelho segundo o Espiritismo"

Mensagens de saúde espiritual
Wilson Garcia e Diversos Autores
Meditação e auto ajuda – 124 p. – 10 x 14 cm

A leitura (e releitura) ajuda muito na sustentação do nível vibratório elevado. Abençoadas mensagens! Toda pessoa, sã ou enferma, do corpo ou da alma, devia ter esse livreto luminoso à cabeceira e ler uma mensagem por noite.
Jorge Rizzini

Não encontrando os livros da EME na livraria de sua preferência, solicite o endereço de nosso distribuidor mais próximo de você através do Fone/Fax: (19) 3491-7000 / 3491-5449.
E-mail: vendas@editoraeme.com.br – Site: www.editoraeme.com.br